魔幻物理

力学

杨智明 著

中国妇女出版社

图书在版编目（CIP）数据

魔幻物理. 力学 / 杨智明著. -- 北京 : 中国妇女出版社，2025. 8. -- ISBN 978-7-5127-2489-1

Ⅰ. Z228.2

中国国家版本馆CIP数据核字第2025P5D733号

责任编辑：朱丽丽
封面设计：付　莉
责任印制：李志国

出版发行：中国妇女出版社
地　　址：北京市东城区史家胡同甲24号　　邮政编码：100010
电　　话：（010）65133160（发行部）　　65133161（邮购）
网　　址：www.womenbooks.cn
邮　　箱：zgfncbs@womenbooks.cn
法律顾问：北京市道可特律师事务所
经　　销：各地新华书店
印　　刷：鸿博昊天科技有限公司

开　　本：165mm×235mm　1/16
印　　张：10.25
字　　数：120千字
版　　次：2025年8月第1版　　2025年8月第1次印刷
定　　价：59.80元

如有印装错误，请与发行部联系

愿你的好奇心永无止境，

总是渴望着新知，

就如同在科学探索中永远充满着希望。

自序

尊敬的探索者们：

力学自牛顿时代以来，便是物理学的核心学科，它详细阐述了物体的运动规律及其在受力时的反应。从璀璨星辰的运行到苹果落地，从高楼的建造到舞台上的魔术表演，力学的法则无时无刻不在起作用。正是这些法则，构建了我们所感知到的世界的基础。

对于青少年来说，了解这些力学的概念不仅对你们未来的学习和发展至关重要，而且有助于培养你们的科学探索和创新精神。本书旨在以浅显易懂的语言阐释力学中的复杂概念，并以魔术为例，展现力学原理的神奇之处。

我们将从力学的基础知识开始——探讨物体如何保持静止，以及它们是如何开始运动的。你们将了解到质量、力、加速度之间的关系，以及它们是如何共同作用于物体的。质量是物体抵抗加速度变化的能力，力是改变物体运动状态的原因，而加速度则是物体速度变化程度的量。

本书将带领青少年理解摩擦力、张力、弹力等力的种类以及它们的作用方式。你们会发现，即使是看似简单的摩擦力，也能在魔术师的手中呈现出令人震惊的效果。而了解杠杆和滑轮系统如何提升物体，将帮助青少年理解魔术中所蕴含的力和运动原理。

通过将科学原理与魔术创造性结合，本书不仅能够让你们欣赏到魔术的艺术性，还能深刻领悟其背后的科学奥秘。这本书将引导青少年登上科学与奇迹的融合之舟，在知识的海洋中扬帆远航，直至抵达无限想象与创造的彼岸。

在探讨古老智慧与现代魔术的交汇点之前，让我们暂时远离日常生活的喧嚣，回望那些伟大思想的源泉。请跟随我，一位对力学原理有深刻理解的引路人，一步步揭开这些应用在魔术中的力学原理的神秘面纱。

你的朋友　杨智明

目录

第一章 重力和重心的奇迹

第二章 弹力的科学魔术

第三章 惯性——牛顿第一定律

第四章 摩擦力的科学魔术

第五章 向心力的魔术和游戏

第六章 作用力与反作用力

第七章 力的合成与分解

第八章 巧妙的杠杆原理

第一章

重力和重心的奇迹

在开始探索魔术奥妙的旅程之前，让我们先把目光聚焦于那个悄无声息却又无处不在的自然力量——重力。

重力是指由于地球的吸引力作用在物体上所产生的力，方向指向地心，也是物体重量的来源。而重心是物体质量分布的平衡点，是所有重力矢量合力的作用点。它是使物体保持稳定的隐秘守护者，也是魔术师创造令人难以置信的平衡术表演的关键所在。

在这一章中，魔术师将通过对物体重心的精确操控，使不稳定的物体能够神奇地保持平衡。

神奇科学魔术

悬浮的管子

1

魔术表演

1 魔术师向观众展示放在木桩上的“魔法管”，神秘地说：“我把一端的木桩撤走，它还能保持平衡！”

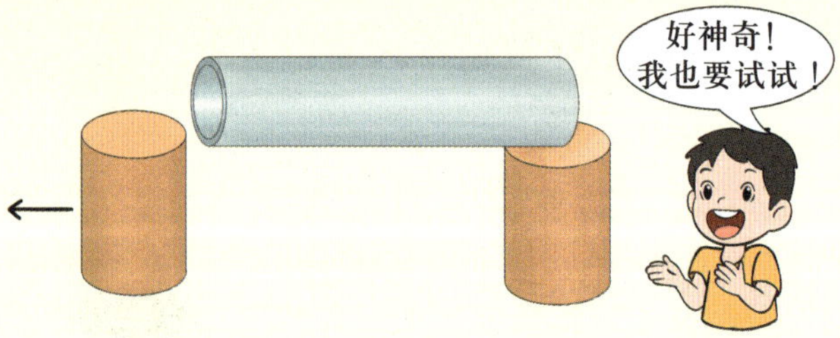

2

2 随后他大手一挥，撤走了左边的木桩，管子仍稳稳地悬在空中，观众们惊讶得目瞪口呆。

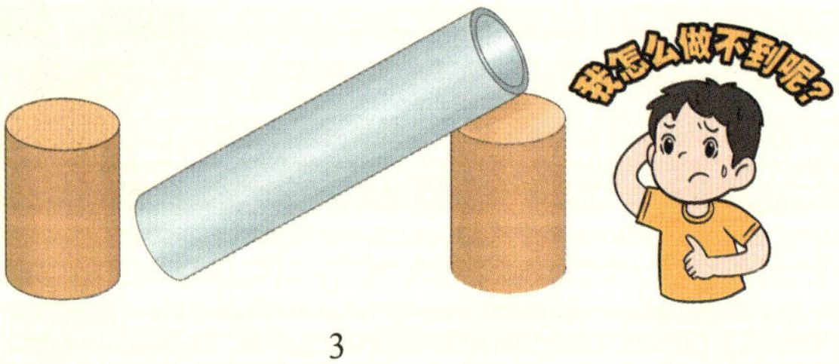

3

3 一名小朋友跃跃欲试，信心满满地上前模仿魔术师的动作。结果，他刚一撤走木桩，管子瞬间失去平衡，立马掉在地上。

科学原理

实际上，魔术师暗中将一个重物藏在管子中，表演时只需要将重物移动到管子的一端，使重心由中心改变到尾端，那么再撤走管子另一端的木桩，管子便可以悬空。而让观众来操作的时候，魔术师偷偷把管子倾斜，让重物落到了另外一端，这时观众无论如何尝试，管子也无法保持平衡。

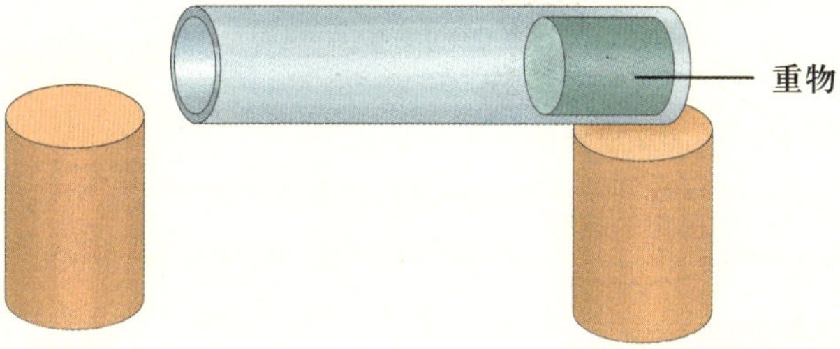

1

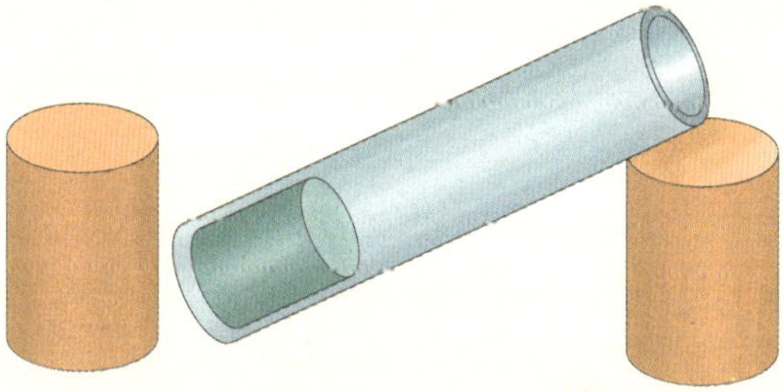

2

预言陀螺

1

魔术表演

1 魔术师拿出一个骰子，让观众用骰子随机掷出一个数字。

2

2 接着，魔术师取出一个陀螺，笑着说：“我的预言陀螺已经知道了你掷出的点数！”

3

3 魔术师轻轻一转陀螺，陀螺越转越慢，最终停下时，接触桌面的数字正是观众掷骰子掷出的点数。全场观众惊叹不已，魔术师则露出神秘的微笑。

科学原理

这是一个藏有机关的陀螺，而机关触发的位置就在陀螺的尖头部位。

1 当魔术师知道观众掷出的数字后，他会把被选数字所在的位置朝下，然后用力按动一次图中食指所碰的隐藏机关，陀螺中的重物就会垂落到被选数字所在位置。

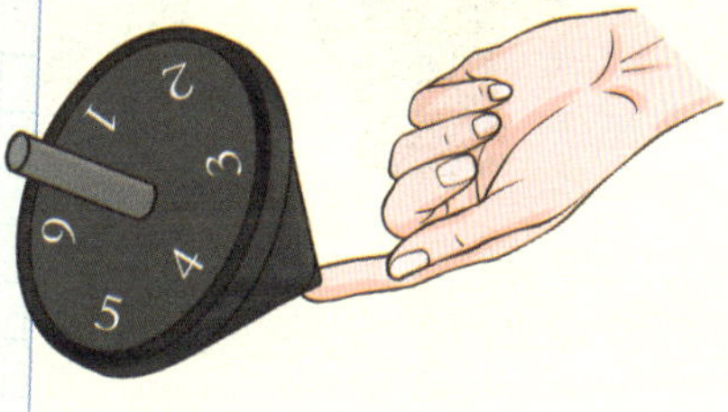

1

2 在旋转陀螺后，由于重心原理，当陀螺停下时，重物所在的一侧会接触桌面，所以，每一次都会是被选取的数字所在的部位贴着桌面。

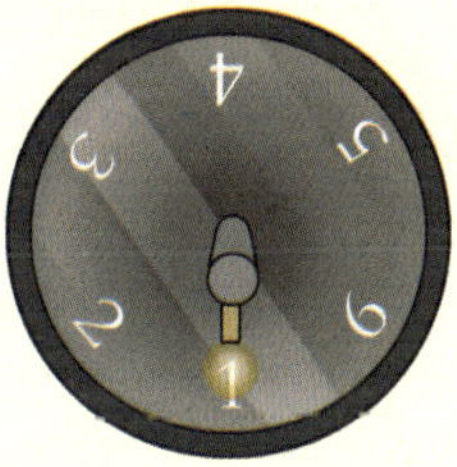

2

不可思议的平衡

1

魔术表演

1 魔术师拿出一个矿泉水瓶，瓶盖上插着一根牙签。

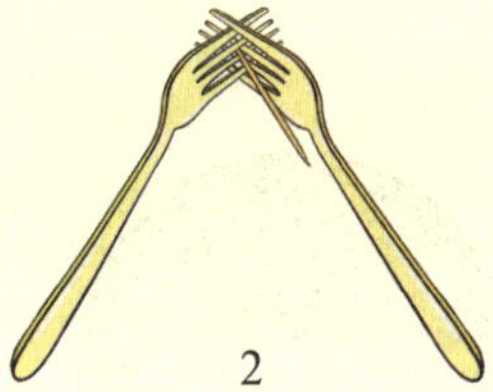

2

2 接着，魔术师拿出两把大小相同的金属叉，将它们叉在一起，并在交叉处插入一根牙签。

3

3 接下来，只见魔术师将金属叉组合中的牙签末端轻轻放在瓶子上的牙签顶端。神奇的一幕发生了，金属叉组合竟然稳稳地保持平衡，没有向任何一边倾斜。

科学原理

物体的重心不一定位于本身，有时也可以在物体的外部。一旦找到物体的重心，就能使它保持平衡。重心越低，物体越容易达到平衡状态。叉子组成的结构，重心在牙签接触点附近，这使得牙签接触点受到一个较大的力，让两根牙签的接触端紧密地压合在一起，因此整个结构可以保持平衡。

科学笔记

探秘科学知识

什么是重力

重力是地球对我们及所有生物和物体施加的一种向下的吸引力。例如，当我们把物体抛向空中，它会掉下来，这是因为地球对该物体有重力作用。

重力不仅存在于地球上，也存在于宇宙中其他天体上。物体的质量越大，其所受的重力越大；物体与天体间的距离越远，其所受的重力就越小。

简单来说，重力就是使我们能够站在地面上而不会飘起来的原因，同时也是月球绕着地球运转的潜在力量。

重力计算公式：$F=mg$

其中，F 代表重力（单位：牛顿，N），m 是物体的质量（单位：千克，kg），g 是重力加速度（单位：米每二次方秒，m/s^2），在地球表面约为 $9.8m/s^2$。

重力具有以下特点：

1. 重力的方向垂直向下。

2. 重力的大小与物体质量成正比。

3. 重力在物体上的作用点叫重心。

什么是重心

重心是能够保持物体平衡的一个点。如果你能找出物体的重心，你就可以使物体保持稳定而不会倒。对于形状规则且质量分布均匀的物体，如球体，其重心在几何中心。但如果是形状不规则的物体，如椅子，它的重心可能不一定在几何中心。你拿着一把尺子并找到它的平衡点，实际上就是在定位它的重心。把尺子放在手指上，尺子能够保持平衡，这就是重心的作用。重心具有以下特点：

1. 每个物体都有一个重心

无论是苹果、小球还是椅子，每个物体都会有一个重心。这是物体受重力作用的集中点。

2. 重心的位置可以在物体内部，也可以在物体外部

在内部：对于形状规则且质量分布均匀的物体，如篮球或正方体，重心通常在几何中心位置。在外部：对于一些不规则的形状，如一个环形，像救生圈，它的重心会在空心部分，也就是在物体外部。

3. 重心会影响物体的平衡

如果物体的重心在支撑点的正上方，物体将保持稳定，例如一个直立放置的瓶子。如果重心偏离支撑点，物体就可能会倾倒，如瓶子被推到一定角度时。

4. 重心越低，物体越稳

例如，赛车的底盘设计得很低，以使重心靠近地面，从而提高稳定性，不容易翻车。相反，高脚杯由于重心较高，因此就容易被推倒。

知识拓展应用

比萨斜塔为什么不会倒

比萨斜塔是一座高度为 55.86 米的塔，塔顶偏离基座约 5 米。虽然它看起来像随时会倒塌，但实际上它依然能够保持平衡。

比萨斜塔

比萨斜塔之所以能够保持稳定，主要得益于塔身的精心设计和地基的作用。塔身的墙壁向内弯曲，塔楼逐渐变窄，这些设计使得塔的重心垂线位于地基范围内，从而维持了平衡。此外，地基的设计也非常巧妙，由混凝土层和一个铁环构成，这种结构能够部分抵消塔身的倾斜力量，确保斜塔的稳固性。

从日常现象到工程应用的关键力量

重心在我们的日常生活和工程实践中发挥着极其重要的作用。例如，在格斗比赛中，运动员通过保持较低的重心，来避免被对手轻易摔倒；走钢丝的演员通过屈膝降低重心，从而提高身体的稳定性。类似地，电扇底座、话筒架、公共汽车站牌等物品设计成底部较重、重心较低，这样能增强它们的稳定性和安全性。

在工程领域，重心也发挥着至关重要的作用。例如，水坝的重心位置决定了它能否在水的压力作用下保持稳固。如果重心设计不当，水坝可能面临倒塌的风险。同样，飞机的重心必须精确设计，才能保证其安全稳定地飞行。一旦重心位置出现偏差，飞机可能会失去平衡，无法安全飞行。在建筑构件中，截面的重心（也称形心）位置会影响构件在载荷作用下的内力分布。如果重心位置不合适，构件可能会承受不均匀的力，从而影响其安全性。由此可见，重心与物体的平衡、运动，甚至内部结构的受力分布息息相关，因此在各类设计中，精确控制重心位置至关重要。

1. 火箭发射中的重力与重心

在火箭发射过程中，重力和重心的作用至关重要。科学家不仅要考虑地球重力的作用，还要精准掌握火箭的重心。随着燃料逐渐消耗，火箭的重心会不断变化，科学家需要实时调整火箭的姿态，以确保其飞行平稳。

2. 大楼和桥梁的重心设计

在建筑设计领域，重心同样重要。工程师们在设计摩天大楼和桥梁时，必须确保结构的重心处于稳定状态，以应对强风、地震等自然灾害的侵袭。建筑的重心越低，其抗倒塌能力越强，整体结构也就越稳定。

3. 体育运动中的重心控制

在体育运动中，运动员需要通过调整身体的重心来保持平衡并完成各种动作。例如，体操运动员在完成旋转动作时，精确的重心控制是他们实现稳定落地的关键因素。

4. 汽车的重心与安全

在汽车设计中，重心位置的设计关系到车辆行驶时的安全。重心较低的汽车在转弯时更为稳定，可以有效降低翻车的风险。赛车通常重心设计较低，以确保在高速行驶时保持良好的稳定性和安全性。

理解重力和重心的意义，不仅能帮助我们解释日常生活中的现象，还能为工程师、科学家和运动员提供参考，从而设计出更稳定、安全、高效的工具、结构和动作。

科学笔记

科学传奇故事

重力的科学史故事

重力在日常生活中无处不在，它不仅影响着我们的行为，还深刻地塑造了我们对世界的理解。通过探索重力的奥秘，科学家们不仅弄清了自然界的一些基本规律，还彻底改变了我们看待宇宙的视角。

1. 亚里士多德的早期观点

在公元前 4 世纪，古希腊哲学家亚里士多德对重力的认识基于自然状态。他认为物体的“自然位置”取决于它的物质构成：重的物体（如石头）会自然地向地球中心坠落，而轻的物体（如空气或火）则会向上升。这种观点流行了近两千年，直到伽利略和牛顿提出新观点才彻底颠覆了这种认知。

2. 伽利略：重力实验的探索

16 世纪末，意大利科学家伽利略通过一系列实验，揭示了关于重力的许多真理。传说他曾在比萨斜塔上同时抛下两颗不同质量的球，证明它们会以相同的加速度坠地，无论其质量如何。虽然这一实验的真实性仍存疑，但伽利略通过斜塔实验确认了重力加速度的普遍性，即所有物体在无外力干扰下，以相同的加速度向地面运动。

这一发现揭示了重力的本质属性：物体的质量与其下落速度无关。从而推翻了亚里士多德提出并流行了长达两千年的理论，为后来的科学家们进一步研究重力奠定了基础。

3. 牛顿的万有引力定律

如果说伽利略揭示了地球表面重力的规律，那么牛顿则在 17 世纪末将重力的概念进行了扩展。他提出了万有引力定律，即宇宙中的所有物体都相互吸引，其吸引力的大小与两个物体的质量乘积成正比，与它们之间距离的平方成反比。

据说牛顿的灵感来源于他在花园里看到苹果从树上掉落，这一现象引发了他对重力的思考。他意识到，苹果向地面掉落的现象与月球围绕地球运行在本质上是一样的。地球不仅对苹果施加了向下的引力，也以同样的引力控制着月球转动的轨迹。这个简单的观察，使得牛顿提出了一个革命性观点：宇宙万物都受引力作用。

万有引力定律为什么叫“万有”

“万有”的意思是“所有的东西”。万有引力定律之所以叫“万有”，是因为它阐述了宇宙中所有有质量的物体之间都存在相互吸引的力，不管是天上的星星、地上的苹果，还是我们周围的任何物体，只要有质量，它们之间就会产生引力。这种相互作用是普遍存在的，所以叫“万有引力”。

在牛顿发现这个规律之前，人们以为天体的运动（如月球绕着地球转）和地面上物体的运动（如苹果掉到地上）遵循着两套不同的法则。然而，牛顿通过万有引力定律告诉大家，这些现象实际上是由同一种力量——万有引力——所支配。

因此，用“万有”这个词，就是为了强调引力对所有物体都起作用。不论物体的大小或距离的远近，它们都遵循相同的物理规则进行运动。这一发现让我们对自然界的认识有了更统一的视角。

科学笔记

失重的梦想

你是否曾好奇，为什么在我国的天宫空间站里，航天员能够自由飘浮，像没了重量？这可不是因为重力跑去“度假”了，而是天宫空间站在太空玩了个“平衡游戏”。今天，我们就来揭开失重现象的神秘面纱。

天宫空间站是我国的太空之家，2022 年正式建成，它悬浮在离地面约 400 千米的高空。它绕地球转圈，绕一圈不到 2 小时。你可能会问：“地球重力不是无处不在吗？”没错，即便在那样的高度，重力仍保持着地面上的 90%，并未消失。但天宫空间站一直处于一种“下落”状态，就像你从高处跳下来，身体会短暂悬空。天宫空间站跑得超快，每秒 7.9 千米，这个速度让它的“下落”与地球的自转同步，所以永远落不下来。科学家管这叫“微重力”，不是真的没重力，而是重力和离心现象打了个平手，航天员就感觉不到重力了。

这一原理听起来像魔术，其实早已被预言。17 世纪，牛顿就曾设想：如果一颗炮弹飞得够快，它就能绕着地球转而不掉下来。天宫空间站就是这个想法的“升级版”。2022 年，神舟十五号把航天员送至天宫空间站，他们在失重环境中翻跟头、喝飘浮的水珠，这些画面火遍全球。后来我们的航天员在天宫空间站内种了太空蔬菜，如生菜、西红柿，还养了小鱼。失重让植物不用土也能生长，水珠飘在空中，特别神奇。

那么，我们为什么要建设空间站？空间站为科学家提供了一个在微重力环境中进行各种实验和观测的独特平台。科学家可以在空间站中开展物理学、生物学、天文学等各个领域的研究，深入探索地球和宇宙的奥秘。天宫空间站的微重力环境正在推动多项前沿技术的发展。例如，在3D打印领域，微重力环境下可制造出复杂、精密的零件，这在地面是难以实现的；在新药研发领域，失重状态下的蛋白质结晶更完美，为药物开发提供了新方向。

2003年，神舟五号载着杨利伟升空，我们第一次圆了飞天梦。19年后，天宫空间站的建成，标志着我国航天事业的新高峰。未来，我们计划建更大的空间站，甚至送人上月球，失重技术正是这一系列宏伟目标的第一步。天宫空间站的失重现象不是魔法，而是重力跟速度的完美配合。相信未来我国能打造出更先进的空间站，让人类迈向星辰大海的征途！

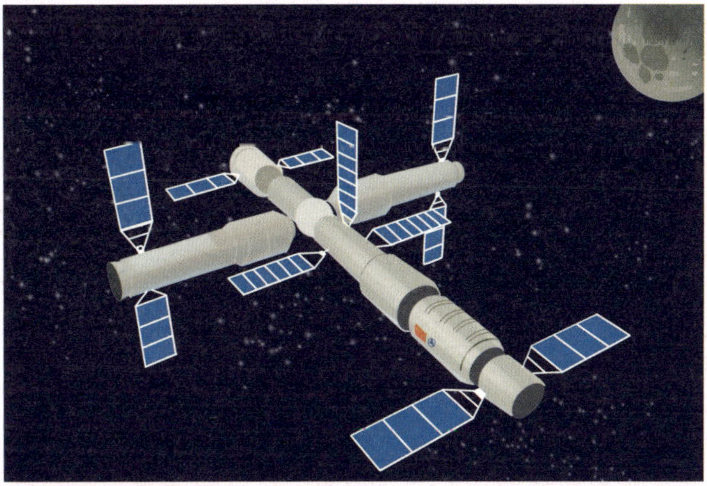

魔幻科学实验

纸片平衡

实验步骤

① 准备一张长方形的平整纸片。

1

②-③ 将纸片从中间对折起来，并将一枚金属游戏币放在纸片的一端。

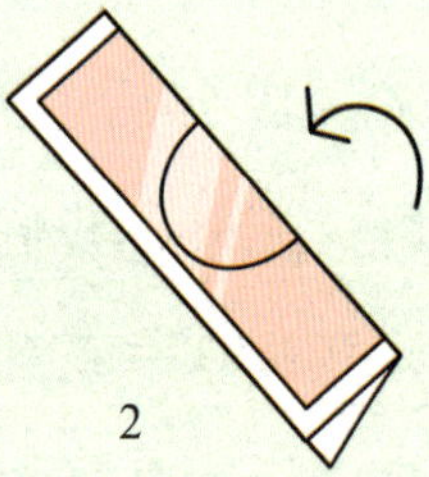

2

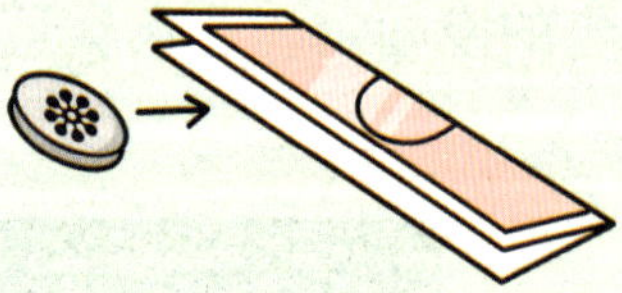

3

④ 把对折后的纸片一端放在左手食指上，松开右手，让纸片保持平衡！

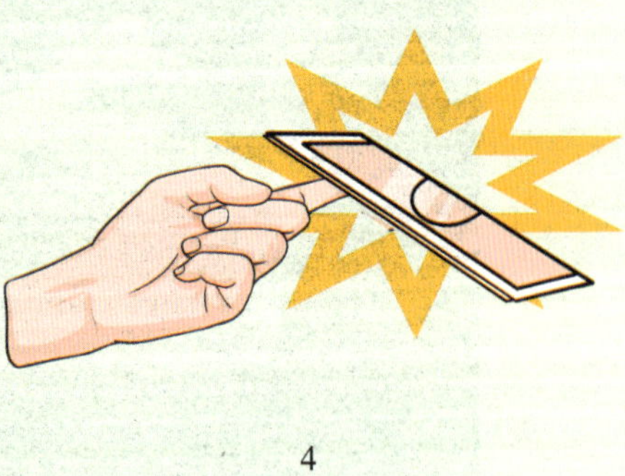

4

科学原理

纸片平衡的秘密在于，纸片一端有游戏币的重力，所以整体的重心在游戏币这边，因此纸片能够保持平衡。

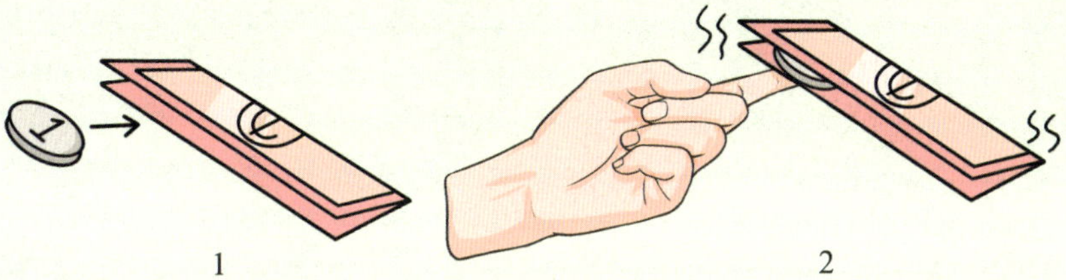

1　　　　　　　　　　2

科学笔记

第二章

弹力的科学魔术

弹力，这一自然界中无处不在的力，是物质抵抗形变的内在能力的体现。它不仅是物体保持稳定的基石，也是魔术师手中变幻莫测的神秘力量。

胡克定律是描述弹力规律的经典理论。该理论指出，对于许多材料而言，在它们的弹性限度内，物体的形变量与其恢复原状的力是成正比的。也就是说，形变越大，物体恢复原状的弹力也就越强。然而，这种关系并不是无限度的，一旦超出了弹性极限，物体将无法恢复原状，这是魔术中常用来制造惊喜与戏剧张力的关键点。

在本章中，我们将深入探讨魔术师如何巧妙运用弹力，来实现令人叹为观止的效果。我们将揭示弹力的奥秘，看它如何被精心隐藏在魔术的层层幕后，只为在最终的奇迹时刻，以一个令人惊叹不已的高潮呈现在观众面前。

神奇科学魔术

不可思议的弹力火箭

1

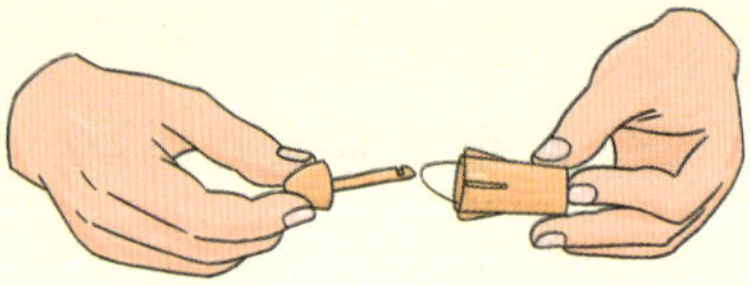

2

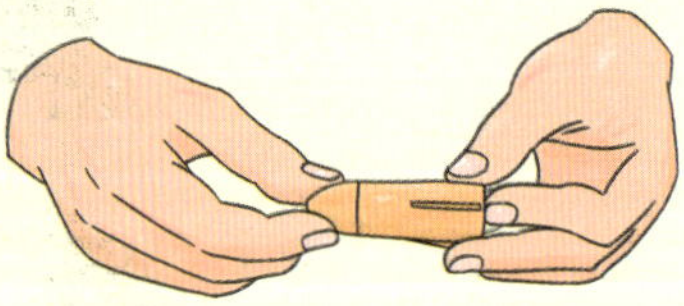

3

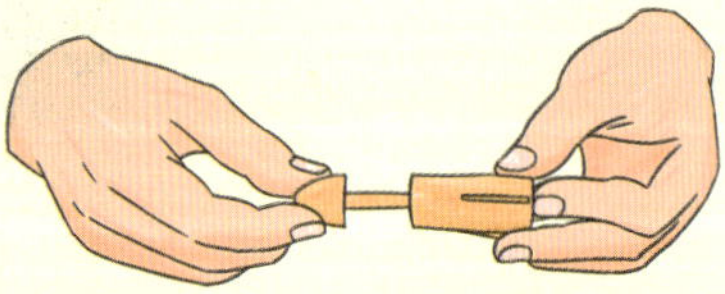

4

魔术表演

1 – 2 魔术师向观众展示一个自制小火箭。他得意地说："这个小火箭内部有一根橡皮筋。"

3 – 4 "如果我把小火箭的头部塞进去，然后再拉出来，"魔术师继续说，"小火箭的头部会稳稳地钩住橡皮筋。"

5 “由于橡皮筋的弹力，当我松开手，小火箭的头部会弹回原位！”说完，他轻轻一放手，小火箭头部果然完美回弹。

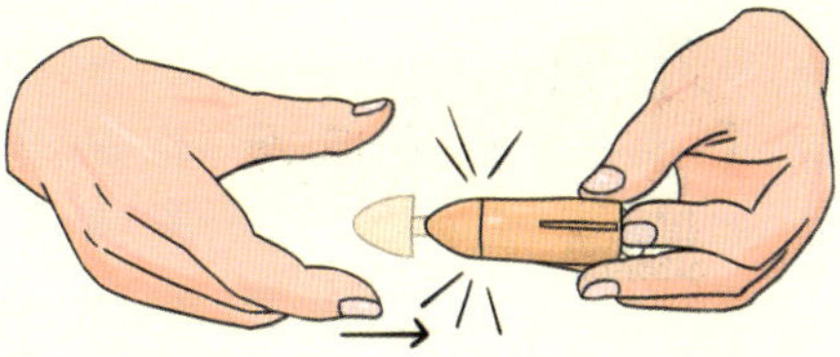

5

6 魔术师把小火箭递给观众：“来，你也试试！”

6

7 结果，观众尝试了半天，小火箭头根本“不听话”，怎么也钩不住橡皮筋。魔术师在一旁偷笑：“看来这小火箭还挑人呢！”

7

科学原理

火箭头并不是因为钩住橡皮筋而弹回去的，而是魔术师在挤压火箭头时，手指对它施加了一个向前的作用力。随后，手指放松，火箭头因为弹力作用而弹回，看起来是被橡皮筋拉了回去。在这一过程中，火箭头并没有真正挂在橡皮筋上，而是靠手指的力量实现了前后运动。

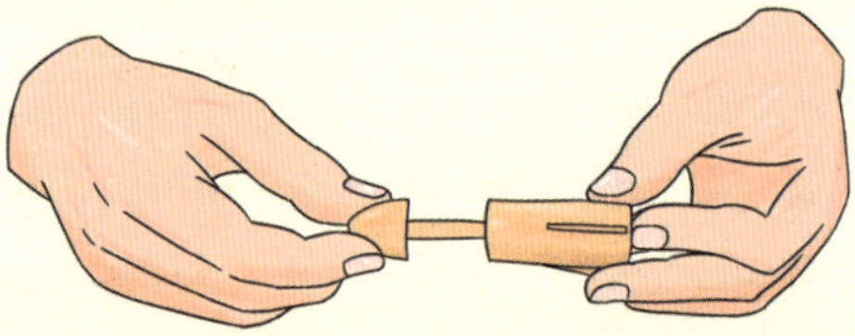

1

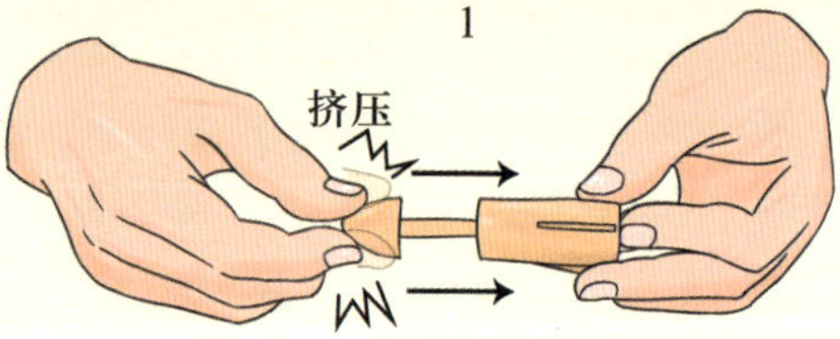

2

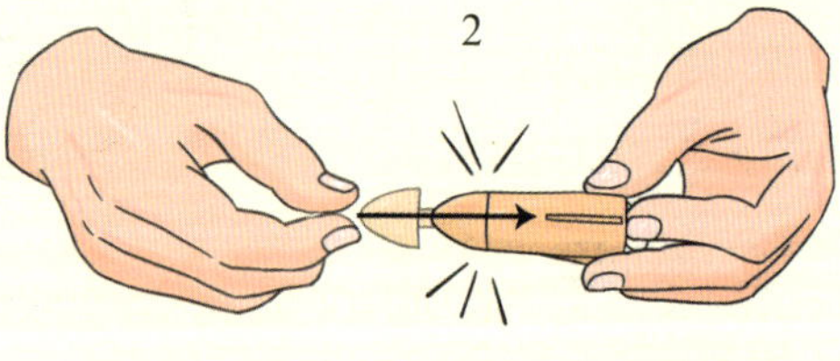

3

科学笔记

智商测试球

魔术表演

1 魔术师摇着手里的两个小球，神秘地说：“这是‘智商测试球’，智商越高的人来扔球，小球弹得越高。”

2 魔术师说完潇洒地扔下一个小球，小球蹦得很高。

3 接着，观众迫不及待地从魔术师手中接过另一个小球，往地上一扔，结果小球只弹起了一点。

科学原理

这个魔术的奥秘在于两颗小球的材料不同。虽然它们在外观和重量上几乎无差别，但弹性差异极大。魔术师使用的高弹力球通常由硅橡胶（聚硅氧烷）制成，这种材料的内部分子链结构非常灵活，能够储存和释放大量的弹性能量，因此在撞击地面后可以反弹得很高。而递给观众的低弹力球则是用乙烯－醋酸乙烯共聚物（EVA）或类似的低弹性聚合物制成。这种材料的分子结构较为刚性，吸收大部分动能后以热量形式耗散，因此几乎无法弹起。通过调整两种材料的密度，可以制造出重量相近的球，使得观众在触摸和观察时无法察觉区别，但弹跳效果却截然不同。

自动上升的魔法棒

1

魔术表演

1 魔术师拿出一根魔法棒，对观众说：“我可以让这根魔法棒自动上升。”

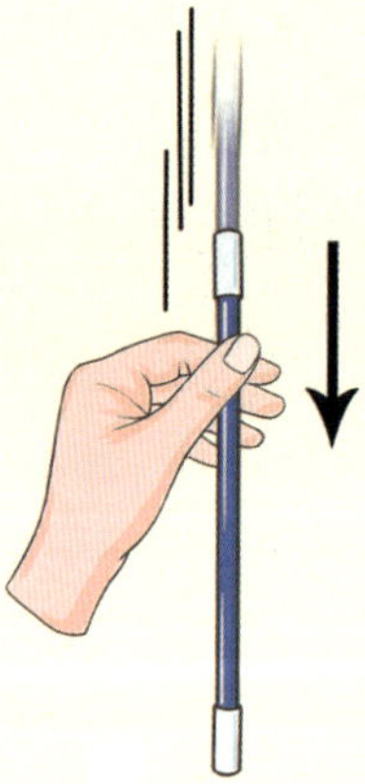

2

2 接着，魔术师用手拿住棒子的上半部分。

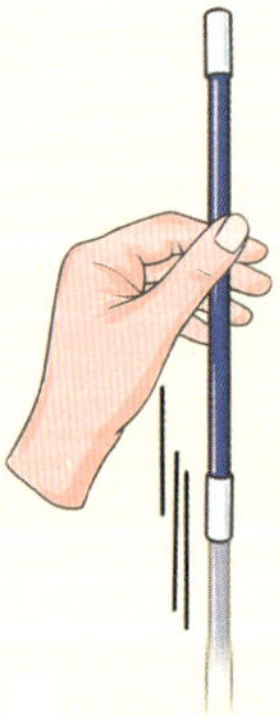

3

4

3－**4** 当魔术师说“起”的时候，魔法棒在魔术师的手中竟然自动上升。观众们瞪大了眼睛，纷纷惊呼：“哇！怎么做到的？”

科学原理

魔法棒内部隐藏了一根弹力线，魔术师巧妙地将线头藏在手背后，并用无名指和小拇指的指缝夹住这根线，由于弹力线的弹性作用，魔法棒被线拉起时，魔术师就可以控制魔法棒上升。

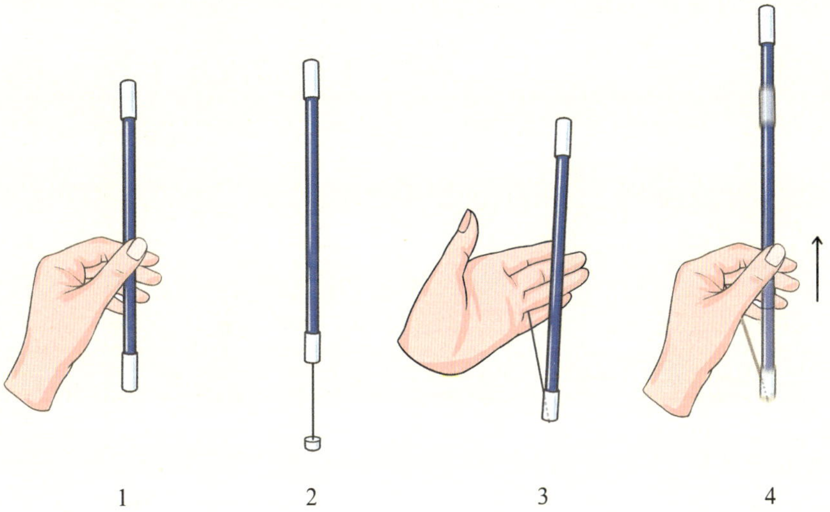

探秘科学知识

弹力的相关知识

弹力是我们生活中常见的一种力，它发生在物体被拉伸、压缩或形状发生改变时。简单来说，当你拉伸一根橡皮筋时，它会试图回到原来的长度，这种使它恢复原状的力量就是弹力。弹力来自物体内部分子间作用力。当物体被拉伸时，分子之间的距离变大，相互间的吸引力会增强，从而产生将物体拉回原位的力；而当物体被压缩时，分子间的距离变小，排斥力增强，会产生把物体向外推回到原状的力。

弹力的大小和物体被拉伸或压缩的程度有关。在一定范围内，形变量越大，弹力也就越大，这就是“拉得越开，回弹越快”的道理。不过，物体的弹性是有极限的，如果拉伸或压缩过度，如橡皮筋被拉断、弹簧被压坏，就是因为超过了物体的弹性极限，它们再也回不到原来的样子了。

弹性和塑性的区别

弹性和塑性其实是物体在受到外力时展现出的两种不同的“态度”。当你拉伸一根橡皮筋，它会伸长，但你一松手，它马上恢复原状，就好像什么都没发生一样。这就是弹性！物体在外力作用下发生形变，但当外力撤去后，它仿佛在说：“没事儿，我还能回到原来的样子。”

不过，有些材料就没这么“乐观”了。比如一块铜金属片，如果用力弯曲它，放手后它不会自动恢复原状。这就是塑性。它似乎在表达：“好吧，我认输了，形状就这么定了吧！”这些物体在外力作用下发生了不可逆的变化，外力撤去后，它们无法自动变回去。

所以简单来说，弹性强的物体如橡皮筋，外力来了它变形，外力一撤它马上复原。塑性强的物体则像一块黏土，外力一来产生了形变，外力撤了它也“懒”得再变回去。这就是弹性和塑性这两种“性格”在材料上展现的区别！

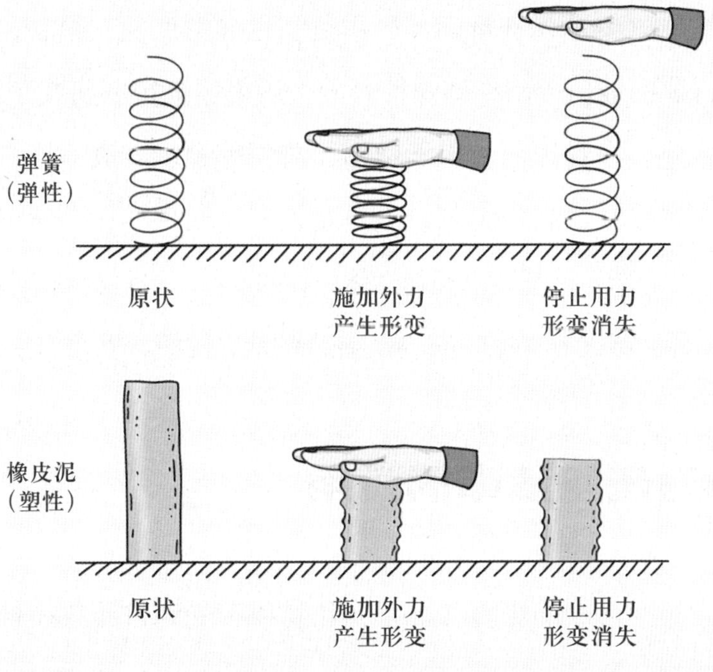

知识拓展应用

什么是弹性体

弹性体是一种神奇的材料，它的最大特点就是在受到较大外力时发生明显的变形，但当外力消失后，它又能迅速恢复到接近原来的形状。你可以把它想象成橡皮筋，拉伸时可以变得很长，但放手后又恢复原样。橡胶就是一种常见的弹性体。

需要注意的是，并不是所有有弹性的材料都是弹性体！弹性体材料有一个显著特征：它们在受较小的力时就能发生显著的形变，但当外力消失后，它们能迅速恢复到原来的状态和尺寸。

弹性体材料不仅神奇，其应用范围也非常广泛。最初，它们在纺织行业中被用于制作高弹性纤维，后来逐渐拓展到汽车制造、高分子合金、生物医药、电子电器、薄膜等领域，成为许多现代技术中不可或缺的新型材料。无论是汽车密封件、医疗设备，还是手机中的小部件，都离不开弹性体材料的支持。这种材料就像现代工业的“幕后英雄”，在许多不为人注意的地方发挥着重要作用！

弹力在生活中的应用

弹力是生活中的小魔法，它能让物体在受到挤压或拉伸后快速恢复原状，带给我们无数的便利和乐趣。无论是在运动、家居还是娱乐中，都可见弹力的身影。下面就让我们看几个生活中常见的弹力应用的例子吧！

弹弓上的橡皮筋

1. 橡皮筋的游戏

把橡皮筋拉长，然后松开，它会迅速缩回到原来的状态。这个时候，橡皮筋也在发挥弹力的作用。弹力使得橡皮筋在被拉扯后，能够恢复到初始状态。

2. 弹簧的魔法

一根小弹簧，把它拉长，然后放开，它会“嗖”的一下恢复到原来的形态。这就是弹簧的弹力在起作用。弹簧的弹力让它能够在被拉伸或压缩后，自动恢复原状，就像一种隐形的力量在帮忙一样。

你有没有想过，家中的门锁为什么自己会弹回原位？这都归功于内部的弹簧结构！每次使用门锁时，弹簧都会压缩并储存

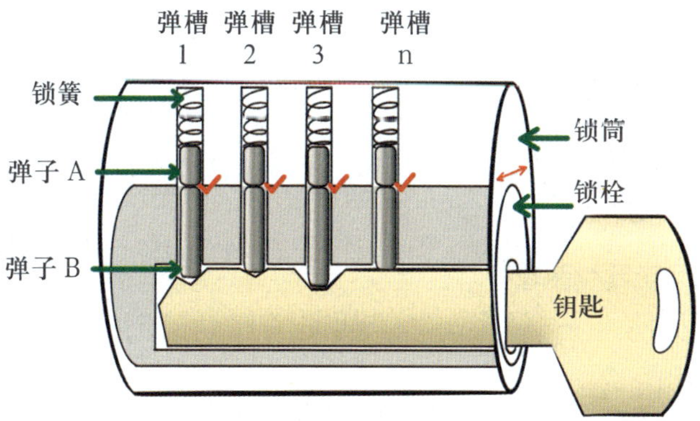

弹簧的形变

能量，当你松手时，弹簧就会将储存的能量释放，让门锁的锁舌“弹”回原位，确保你关门时门能自动上锁。

3. 跳床

跳床是体验弹力最直观的方式。当你跳上跳床，床垫会因为你的体重被压下去，然后迅速弹起，把你抛向空中，让你仿佛在飞翔。每一次弹跳都让人兴奋不已，这就是弹力带来的快乐！

4. 弹力绳和健身带

健身时，你会经常看到弹力绳或健身带。它们通过拉伸提供阻力，帮你锻炼肌肉。拉伸得越长，阻力越大，这种弹力的“对抗”，其实正是让你的肌肉变得更强壮的好帮手！

5. 乐器中的弹力

弹力还藏在音乐中呢！例如，吉他的琴弦。弹性让琴弦在被拨动时震动，发出悦耳的乐音。正是这些充满弹力的乐音，让乐器能够奏出动听的旋律。

6. 跳跳球的弹力

你有没有玩过跳跳球？当你把它按压到地上然后松开，跳跳球会“弹”起来。这是因为弹力让球在被压缩后迅速恢复原状，从而实现高高的弹跳。

儿童玩具跳跳球

科学笔记

胡克定律：弹簧的秘密

胡克，一位活跃于17世纪的多才多艺的英国科学家。他不仅涉足物理学，还研究过天文学、生物学、建筑学等多个领域，是个全能型人才。但是今天我们要聊的，是他最著名的发现之一：胡克定律。

对于科学界来说，17世纪是一个创新爆发的时代。胡克就是那个时候的“实验狂人”。他对世间万物都充满了好奇，尤其是对“弹力”现象。有一天，他突发奇想，决定仔细研究一下当物体受力时会发生什么变化。

于是，胡克开始做实验，研究对象主要为弹簧。他观察到，如果你拉动一根弹簧，弹簧会伸长，但有趣的是，这个伸长的长度与弹簧回弹的力是成正比的！换句话说，同一根弹簧伸得越长，你一旦松手，它恢复到原来形状的力就越大。这看似简单的发现，当时可没人能解释得这么清楚。于是，基于这一发现，胡克总结出了著名的定律：F=kx。这就是我们今天所熟知的“胡克定律”。

胡克定律简单来说就是，当对弹簧施加力时，弹簧的伸长或压缩程度（x）和弹簧的弹力（F）成正比。其中的比例常数就是那个神秘的“k”，也叫弹性系数。这一重要发现为力学、建筑、材料学等多个领域的发展奠定了坚实的理论基础。

拉橡皮筋时，拉得越长，放开手，它弹回去抽打到手上越疼。这也是胡克定律的体现！胡克用这个定律精确地描述了弹性物体的行为特性。

总的来说，胡克定律就像一把钥匙，帮我们解开了弹性材料背后的“魔法”。它给我们展示了一个非常简单却极其重要的真理：拉伸和压缩的世界，其实充满了规律和力量！

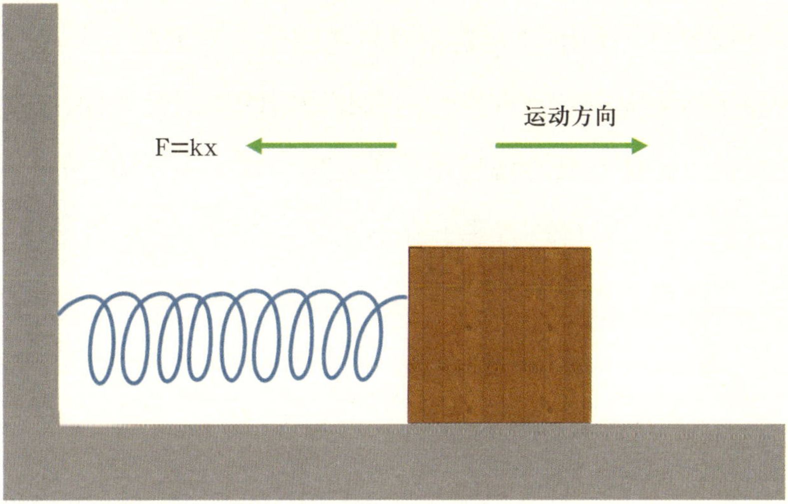

超凡前沿科技

弹性材料探秘

接下来，我们将一同探索弹性材料的奇妙世界。这些材料不仅有趣，还在生活中发挥着重要作用。接下来，详细介绍 4 种具有代表性的弹性新材料。

1. 硅橡胶

硅橡胶是一种由硅元素和有机基团结合而成的高分子材料。它的分子结构像一张富有弹性的弹簧网，既稳定又柔韧。硅橡胶的一大特点是能在极端温度下保持性能，例如在 - 50℃的严寒中不会变硬，在 200℃的高温下也不会变形，这让它比普通橡胶更耐用、更可靠。

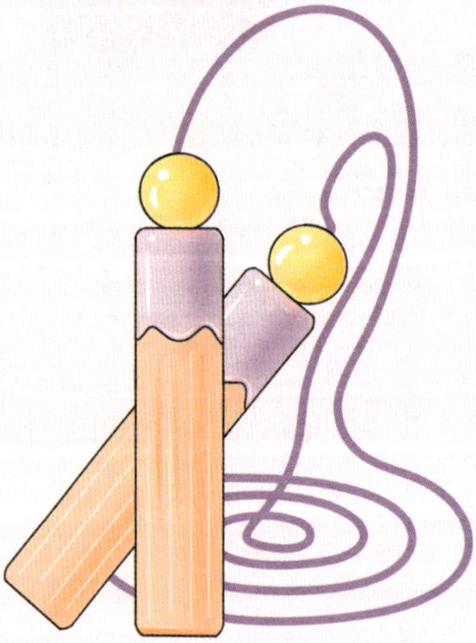

价值与用途：硅橡胶的价值主要体现在它的耐温性、耐老化性以及对人体无害的特性上。在日常生活中，你可以在厨房里发现它的身影，如耐高温的硅胶烤盘和锅铲手柄；在建筑中，它常被用作窗户和管道的密封圈，有效防止漏水漏气；在医疗领域，它被用来制作人工心脏瓣膜的软管，因为它对人体无害且耐用而备受青睐。大多数跳绳手柄都会采用硅橡胶材料，硅橡胶的弹性还能保证反复使用而不失形，非常实用。

2. 聚氨酯类热塑性弹性体

聚氨酯类热塑性弹性体（简称 PUE）是一种由聚醚或聚酯与异氰酸酯通过化学反应生成的材料。它的分子链结构非常灵活，既有柔软的弹性段，也有坚硬的支撑段，因此既坚韧又富有弹性。PUE 可以通过浇注或挤出工艺制成，并能调整出不同硬度的产品。

价值与用途：PUE 的核心价值在于它的强韧性和耐磨性。它常被用来制造滑板轮子和跑鞋鞋底，因为这些部位需要承受摩擦和冲击且易磨损。在汽车工业中，PUE 被用作减震垫和悬挂系统零件，能有效吸收震动并延长零件寿命。此外，它还防水耐油，适合做户外装备的涂层，如登山鞋或雨衣的表面。由于 PUE 的多样性，它在工业和日常用品中都占据重要地位。

3. 形状记忆聚合物

形状记忆聚合物（简称 SMP）是一种具有“记忆”能力的弹性材料。它由特殊聚合物组成，分子链能在特定条件下（如加热或冷却）重新排列。当它被拉伸或压扁后，只要达到触发条件（如加热到某个温度），分子链就会恢复到原始状态，带动材料恢复形状。

价值与用途：SMP 的价值在于它的智能性和适应性。在医疗领域，它被用来制作血管支架：支架被压缩后放入血管，遇体温展开，支撑血管使其恢复畅通。它还能被做成自修复材料，如汽车外壳的小划痕通过加热就能自动平复。工业上，SMP 可用于制造可调节的夹具或柔性机器人部件。它的潜力还在被挖掘，未来可能在航空航天或智能穿戴设备中大放异彩。

4. 自修复弹性体

自修复弹性材料主要由具有动态化学键的高分子材料组成，部分材料还会加入微胶囊修复剂。其核心原理是通过动态键的可逆断裂与重组，或微胶囊释放修复剂填充裂纹，使材料在受损后能够“自我修复”。当材料受到损伤（如裂纹或划痕）时，这些“特殊设计”就会启动，帮助材料自行“愈合”，恢复性能。

价值与用途：自修复弹性体的核心价值在于它的自我修复能力，这让它在多个领域都有广泛应用。例如，在汽车领域，它被用于制造轮胎或减震垫，当轮胎被小钉子刺穿或减震垫出现裂纹时，材料能够自行修复，从而提升安全性和耐用性。在医疗领域，它被用来制作软体机器人或人工器官，能够在体内环境中自我修复，提高可靠性和使用寿命。在日常生活中，它还可以用于制造柔性电子设备（如可穿戴设备或折叠屏手机），有效延长设备的使用寿命。

魔幻科学实验

自动上升的圆环

实验步骤

① 准备一根普通的橡皮筋。

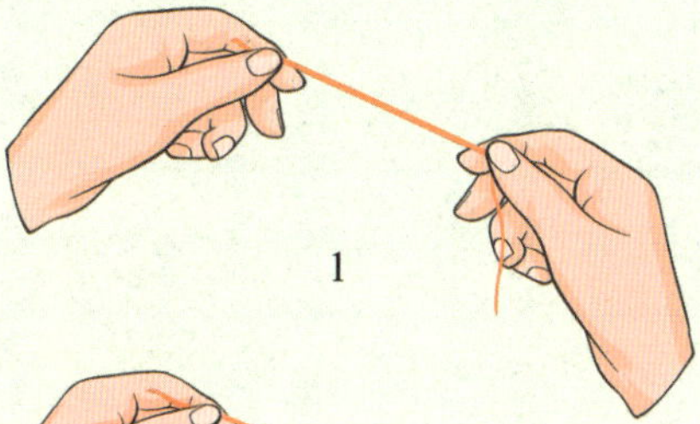

1

② 接着，轻轻地把一个圆环挂在拉长的橡皮筋上。

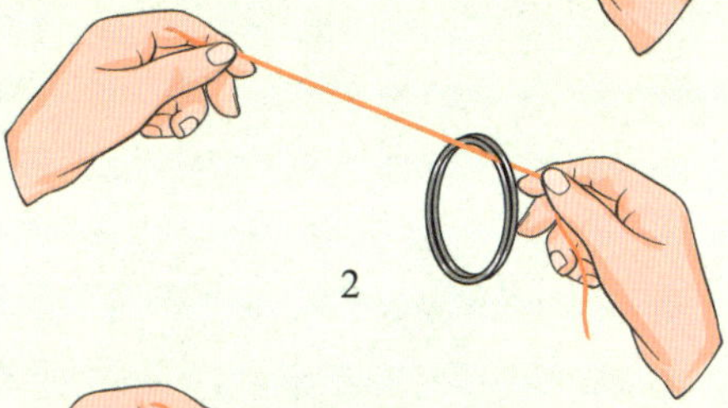

2

③ 然后慢慢松开底部捏紧的橡皮筋，圆环会自动沿着橡皮筋往上“爬”。

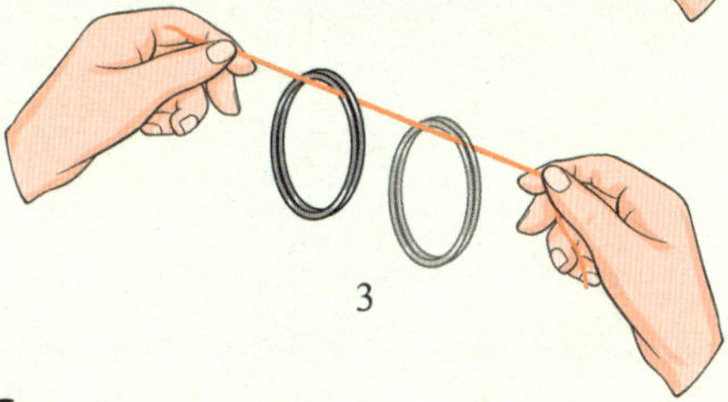

3

科学原理

想让圆环自动上升，需要在手里多留一段橡皮筋，等圆环挂在橡皮筋上后，把橡皮筋拉长并用手指捏住，再慢慢松开捏住的橡皮筋。由于弹性作用，橡皮筋慢慢回弹，从而带动圆环向上移动。

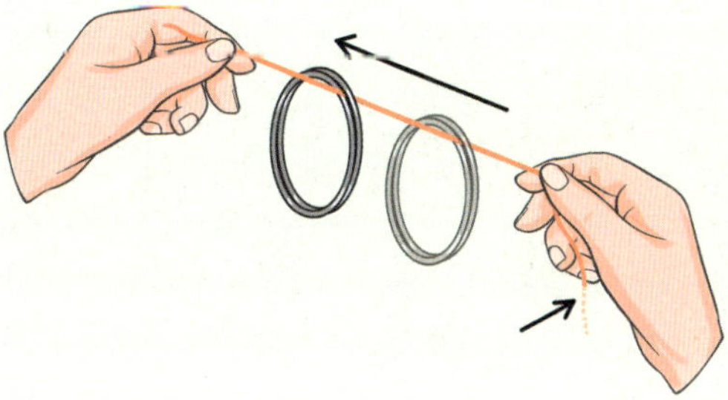

第三章

惯性——牛顿第一定律

惯性，这一古老而深邃的物理学概念，是指引我们理解物体运动的根本规律，也是魔术师手中一件极具魔力的法宝。

在牛顿的物理学体系中，惯性原理被定义为物体保持静止状态或匀速直线运动状态的性质，即除非受到外力的作用，否则物体将维持其静止或匀速直线运动的状态。这也被称为“牛顿第一定律”。惯性不仅是物体的一个描述性特征，更是物体的一种固有的属性，是物体抵抗速度改变的一种表现。

在本章中，我们将一同探索惯性原理的知识点，深入了解它如何被运用在魔术中，再逐步揭开它在复杂多变的魔术表演中的神秘面纱。

神奇科学魔术

想让哪里断就让哪里断

1

魔术表演

1 魔术师对观众说："我这里有一叠铜钱，铜钱上下各系有一根长度相等的线。接下来，你们想让哪根线断，哪根线就可以断。"观众指向下端的线。

2

2 只见魔术师用力拉扯线绳，结果下端的线真的断了。

科学原理

要扯断哪一根线，表面上看似乎是偶然的，但实际上，你可以通过控制施力方式来决定断哪一根。如果你想让上面的线断掉，只需慢慢地拉下面的线。这样，铜钱的重力会通过拉扯传递给上面的线，导致上面的线承受更大的力而断掉。反之，如果你想让下面的线断掉，就需要快速而用力地拉下面的线。此时，由于惯性，铜钱会保持静止的状态，下面的线因为受到的力过猛而断掉，而上端的线还未来得及受力。

对物体进行受力分析，铜钱受到三个力的作用：上端绳子的拉力 T_1，方向向上；重力 G，方向向下；下端绳子的拉力 T_2，方向向下。缓慢地拉，则可看作平衡状态，即 $T_1=G+T_2$ 被打破，因此，$T_1>T_2$，上面的绳子受到的拉力大于下面绳子受到的拉力，上面的绳子先断。用力猛拉，上面的绳子还未有反应，下面的绳子就因受力过猛而先断。

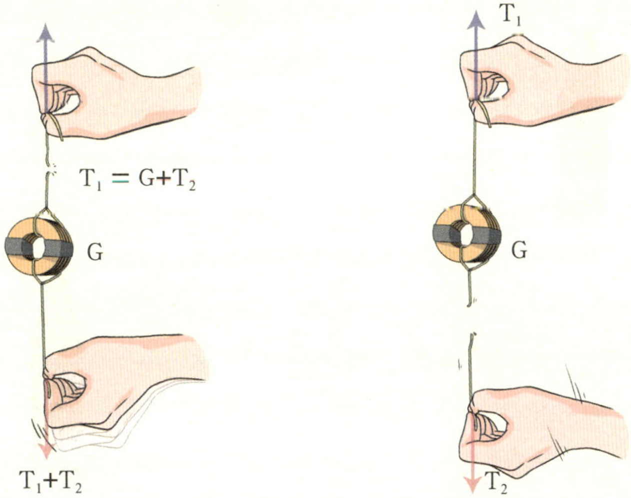

1 缓慢地拉　　2 用力猛拉

“气功”碎酒瓶

1

魔术表演

1 魔术师拿出一个空酒瓶，对观众说道：“我可以一掌拍碎酒瓶底，你们相信吗？”

2 然后，魔术师向瓶中倒入适量的水，并解释道：“不需要太多，水装到瓶子的三分之二刚刚好，给魔法留点施展空间。”

2

3

3 接下来，魔术师便在酒瓶口上施加一个由上至下的力量，动作看似简单，却暗藏玄机。

4 只听“啪”一声，瓶底瞬间碎裂，仿佛有一股无形的力量向酒瓶施展了魔法！

4

科学原理

这个现象其实和惯性及水锤效应有关，可以简单理解为水对瓶底“猛撞”导致瓶底碎裂。

当魔术师用手掌或橡胶锤快速击打瓶口时，瓶子会迅速向下运动，但瓶里的水由于惯性会短时间内保持不动。这样就在瓶底产生了一个真空区域，即空泡。这个空泡很快因为外界的大气压被压扁，水便开始向下猛烈撞击瓶底。

这个撞击的力量非常大，因为水被封闭在瓶子里面，突然停止运动会形成一种类似锤子砸下来的冲击力，这叫水锤效应。这种冲击力产生的压力远远超过瓶底的承受能力，于是瓶底就会被震碎。

注意事项

本实验具有一定的危险性，未成年人请勿模仿，成年人请在专业人士的指导下进行。

不会掉落的杯子

1

魔术表演

1 魔术师拿出一根绳子，笑眯眯地说："接下来我给大家表演一个小魔术！"只见他将绳子的一端系在杯把手上，另一端系上一枚铜钱。

2 然后，他把绳子搭在一支铅笔上，对观众说："大家瞧好，这可是技术活！"

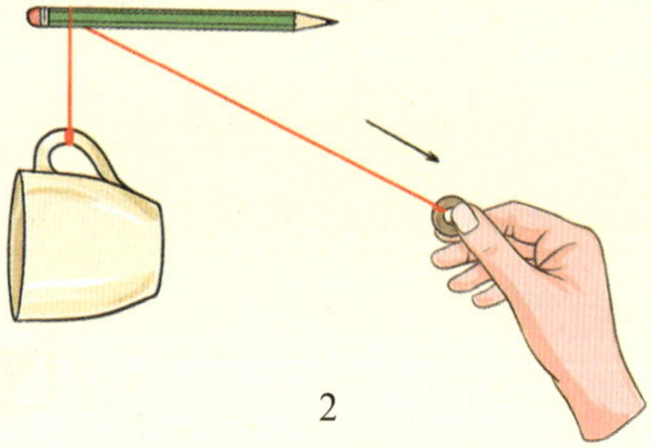

2

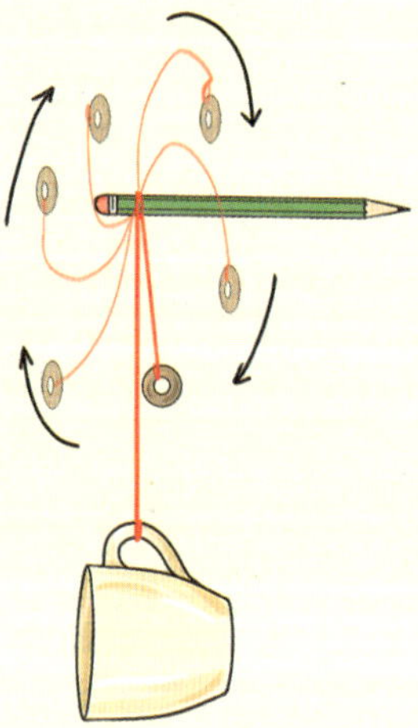

3

3 魔术师轻轻一松手，杯子开始下落，奇怪的是，另一端的铜钱竟然开始绕着铅笔打转，仿佛有一股神秘的力量在控制它，最终绳子紧紧地缠绕在铅笔上，而杯子则稳稳地悬在半空中，观众们看得目瞪口呆。

4 这时，台下有位观众按捺不住，兴奋地举手：“我也要试试！”魔术师递上道具：“好啊，来吧，不过要小心哦！”

4

5

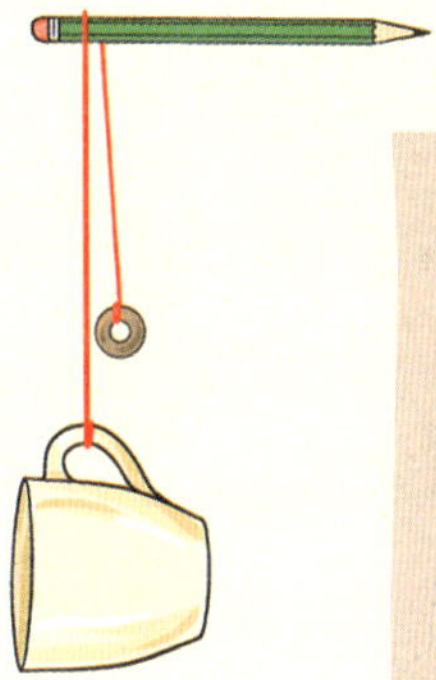

6

5 – 6 观众模仿魔术师的动作，将绳子一端系在杯把手上，一端系上铜钱，也把绳子搭在铅笔上。然后，他学着魔术师那样松开手。

7 结果，“啪！”的一声，杯子直直地摔在了地上，碎成了好几块。观众一脸蒙：“不科学啊！我明明做得一模一样！”

7

科学原理

这个魔术看起来很神奇，其实背后是惯性和力的分解一起在发挥作用。

一开始，杯子和铜钱通过绳子连接，绳子搭在铅笔上。此时，杯子挂在下面，是静止状态。手拿着铜钱，维持着杯子的静止状态。

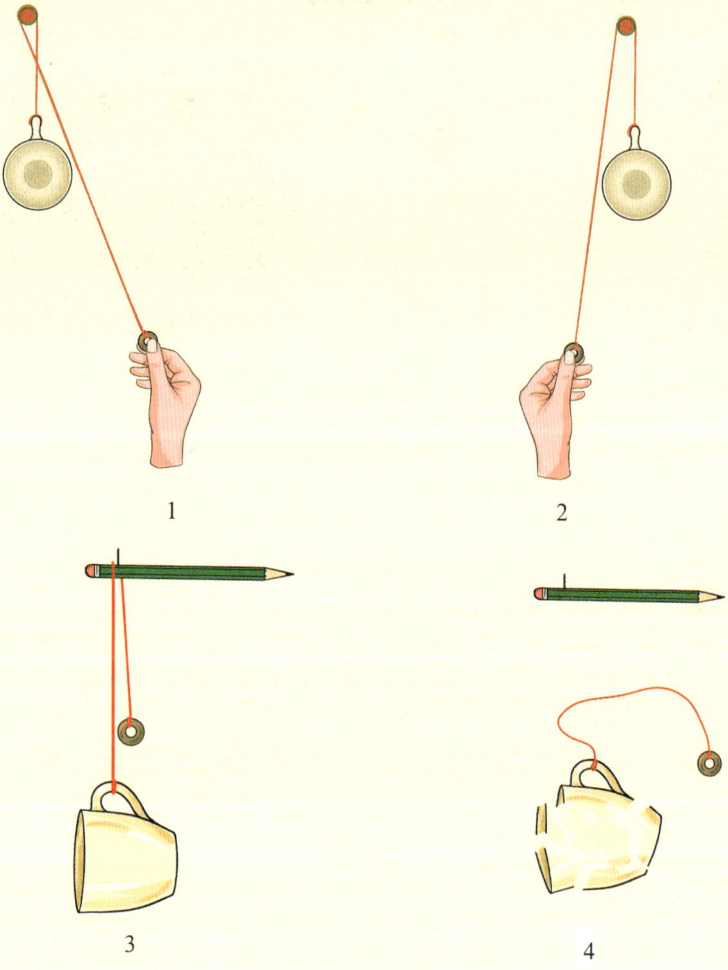

当放手后，杯子因为重力作用开始快速下落，绳子拉着铜钱一起动起来。但是铜钱不会马上被杯子拉着向上运动，因为它有惯性，想保持原来的静止状态。这时候，绳子就会因为铜钱的惯性而发生运动方向变化。

随着杯子的下落，绳子在铅笔上滑动，方向慢慢发生变化。这个变化让铅笔对杯子和铜钱的支撑力产生了一部分侧向的作用力，这个力会让绳子旋转，并带着铜钱绕着铅笔转起来。铜钱绕铅笔旋转的同时，也会产生一个力对抗杯子的下落，最终让杯子停止下坠。

如果操作细节没做好，比如绳子太短、铜钱太轻或动作太急，绳子就没办法有效地绕铅笔旋转，杯子就会直接掉到地上摔碎。因此，这个看似简单的魔术其实是惯性和力之间的一种巧妙平衡！

科学笔记

探秘科学知识

惯性和惯性定律

惯性是指物体保持其运动状态或静止状态的能力，可以比喻为物体的“惰性”特征，它总是倾向于维持当前的状态不变。一个物体一旦处于静止状态，它会倾向于继续保持静止；如果它在运动中，它也会倾向于保持原来的速度和方向，直到有外力作用于它，从而改变它的状态。例如，在日常生活中，当你坐在快速行驶的车里，车突然刹车时，你会不由自主地往前倾。这是因为你的身体还想保持原来向前的运动状态，但车子突然停了下来，所以你感受到了惯性的作用。

由此可见，物体的惯性是其固有属性，不会因为任何情况（受外力作用或不受外力作用、静止或运动）而改变或消失。

而惯性定律，也叫牛顿第一定律，是经典力学的基本原则之一。它告诉我们：“如果没有外力作用，物体将保持静止状态或匀速直线运动状态。”简单来说，就是如果没有外力干扰，静止的物体会一直保持静止，而运动的物体会一直保持以相同的速度和方向运动，不会自行停下来或改变运动方向。例如，除非你推一下或风吹动静止的篮球，否则它不会自己滚动起来；在冰面上滑动的冰球，如果没有摩擦力等外力来阻止它的运动，它将会一直滑下去，直到遇到障碍物。这就说明，外力才是让物体状态发生改变的关键因素，不然，物体只会“赖”在原来的状态里不变。

惯性定律解释了物体为何在没有外力作用时保持原有状态（静止或运动），同时也说明了我们在日常生活中观察到的物体停止或改变运动方向的原因，那是因为有外力（如摩擦力、空气阻力等）在影响它们。

科学笔记

知识拓展应用

日常生活中的惯性

惯性是物体保持其静止状态或匀速直线运动状态的性质。在日常生活中，惯性的应用比比皆是。下面是惯性的一些具体例子。

1. 安全带

汽车在突然刹车或发生碰撞时，乘客由于惯性会继续向前运动。安全带可以防止乘客因惯性作用而撞击到车内硬物或被抛出车外，从而减轻伤害。同理，在飞机起飞和降落时，乘客也需要系好安全带。起飞时，飞机需要加速到足够的速度，以便在升空后利用惯性保持飞行状态，系安全带是防止乘客在飞机因意外紧急降速时因惯性而向前冲。降落时，飞机减速，但乘客会因为惯性向前冲，因此需要系好安全带。

2. 滑板

滑板运动员在滑行时，用脚在地面上一蹬，一旦滑板开始快速滑动，惯性就会使它保持运动状态。滑行过程中，滑板会因为地面摩擦和空气阻力逐渐减速，直到停止。

3. 转椅

转椅的转轴设计使得椅子可以轻松旋转，而当人坐在椅子上旋转时，由于惯性，椅子会倾向于保持原来旋转的运动状态。

4. 球类运动

在足球、篮球等球类运动中，运动员在踢球或投篮时，球离开脚或手后会因为惯性继续向前滚动或飞行，直到外力，如摩擦力、空气阻力、地面接触或运动员的干预改变它的状态。

科学传奇故事

惯性的科学史

惯性的概念在科学史上有着悠久的发展历程。最早可以追溯到古希腊时期，当时，亚里士多德认为，物体的自然状态是静止的，除非受到外力作用才会运动。这一观点在中世纪被广泛接受，并对欧洲的科学思想产生了深远的影响。直到文艺复兴时期，伽利略提出了新的观点。他通过实验观察到，如果没有外力作用，物体将保持其原有的运动状态不变，无论是静止还是匀速直线运动。伽利略的这一发现，为后来惯性原理的确立奠定了基础。

随后，牛顿在其著作《自然哲学的数学原理》中，正式提出了惯性定律，即牛顿第一定律。牛顿指出，任何物体都会保持其静止状态或匀速直线运动状态，除非受到外力的作用。牛顿的这一定律彻底改变了人们对运动和力的传统理解，为经典力学体系的发展奠定了基石。在牛顿之后，惯性的概念继续发展。19 世纪末，随着相对论的提出，爱因斯坦对惯性进行了新的解释，即惯性质量与引力质量等价。这个理论扩展了牛顿的万有引力理论，提供了对引力现象的更深刻理解。

惯性的科学发展轨迹展示了人类对自然界的认知是如何逐步递进的。从亚里士多德到伽利略，再到牛顿和爱因斯坦，每一位科学巨人的贡献都是对前人理论的继承、挑战和超越。

什么是惯性导航

惯性导航（简称 INS）是一种利用物体惯性原理进行定位和导航的技术。简单来说，它通过测量物体自身的加速度和角速度，计算出位置、速度和方向，而不需要依赖外部信号，如 GPS 卫星。这项技术广泛应用于飞机、船舶、潜艇、导弹，以及智能手机和无人驾驶汽车等领域。

1. 工作原理

惯性导航的核心是惯性测量单元，它通常包括加速度计和陀螺仪。加速度计负责测量物体在三个方向上的加速度，而陀螺仪则负责检测物体的旋转角度。通过对这些数据的实时积分计算，系统就能推导出物体从起点开始的移动轨迹。具体过程如下：

加速度计：测量物体受到的加速度。

陀螺仪：感知物体绕三个轴的旋转，确定方向变化。

计算：通过数学公式，将加速度转化为速度，再将速度转化为位置。

举个例子，在飞机上，起飞时惯性导航系统记录了初始位置和方向。随着飞机加速、转弯，系统会不断更新位置信息，即使没有外部信号也能知道飞机在哪里。

2. 优点与局限性

惯性导航最大的优点是自主性。它不依赖卫星、雷达或任何外部基站，特别适合在信号受限的环境下使用，如深海、地下或太空。然而，它的局限性也很明显：误差会随着时间累积。因为计算位置依赖于连续积分，小的测量误差会逐渐放大，导致长时间运行后结果不够精确。因此，现代导航系统往往会结合 GPS 等技术来校正误差。

3. 应用场景

航空航天：飞机在跨洋飞行或太空飞船在宇宙中导航时，惯性导航至关重要。

军事领域：导弹和潜艇需要隐秘行动，惯性导航确保它们在无信号时仍能精准打击目标或移动。

民用领域：手机里的计步器、无人机的姿态控制，都用到了简化的惯性导航技术。

早年，由于技术封锁，中国无法直接获取国外先进的惯性导航设备。但中国科学家们没有放弃，他们从零开始，攻克了无数技术难关。例如，中国的北斗导航系统虽然主要依赖卫星，但其背后也融合了高精度的惯性导航技术，确保在极端情况下仍能提供可靠定位。这种自主研发的能力，正是“中国制造”向“中国智造”转型的缩影。

再看军事领域，中国的高精度惯性导航技术已广泛应用于国产航母、潜艇和导弹系统中。这不仅提升了国防实力，也让世界见证了中国科技的崛起。每当我们看到国产战机翱翔蓝天、国产舰艇乘风破浪时，背后都有惯性导航这样的“隐形英雄”在默默支撑。

魔幻科学实验

硬币的惯性实验

硬币掉落到玻璃杯中

实验步骤

① 实验者需要准备一枚硬币、一张纸牌和一杯水。

1

2

② 将装有水的杯子放在桌子上，然后在杯口上方放一张纸牌，最后将硬币放在纸牌中央。

③ 用手指快速弹出纸牌，可以观察到这一现象：硬币竖直落进水杯中。

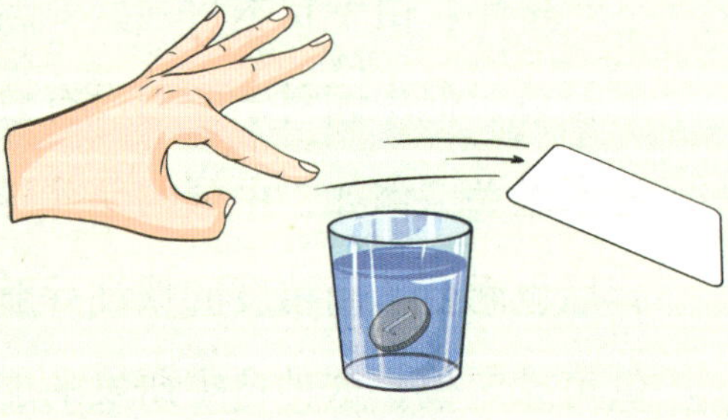

3

科学原理

因为硬币原来是和纸牌一起保持静止状态的，当纸牌迅速被弹出时，硬币由于惯性作用，依旧保持原来的静止状态，并未随纸牌一起移动。在重力的作用下，硬币就竖直落进水杯中了。

弹出纸牌留住硬币

实验步骤

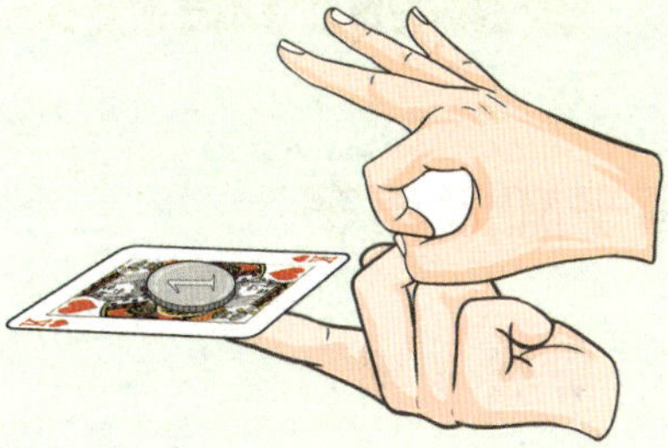

1

① 准备一枚硬币和一张纸牌，将纸牌平放在手指上。

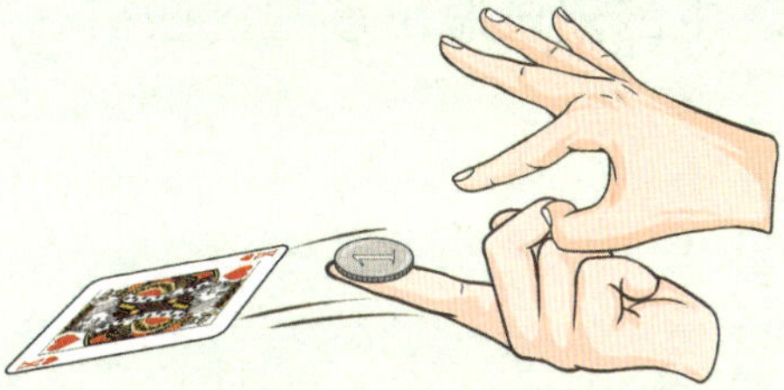

2

② 在纸牌上方放置一枚硬币，接着，用另一只手将纸牌弹走，硬币落在手指上。

科学原理

硬币能够精准地落到手指上，是因为它和纸牌原本一起处于静止状态。当你快速弹出纸牌时，硬币由于惯性，暂时保持静止，好像“没反应过来”，而纸牌已经被弹走了。然后，在重力的作用下，硬币开始下落，最终准确无误地落在手指上。

玻璃瓶的惯性实验

瓶子和象棋子

实验步骤

1

① 将三粒木质象棋子竖直摆放好，然后将装有水的玻璃瓶倒放在这些棋子上。

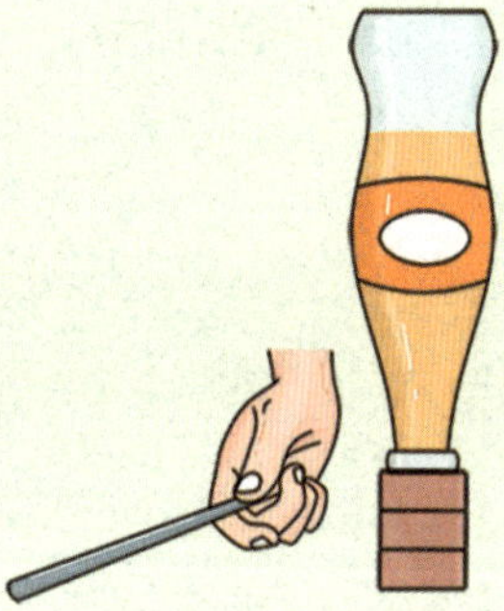

2

② 接着，拿起一根小铁棍，快速出击，将棋子迅速一一敲走。

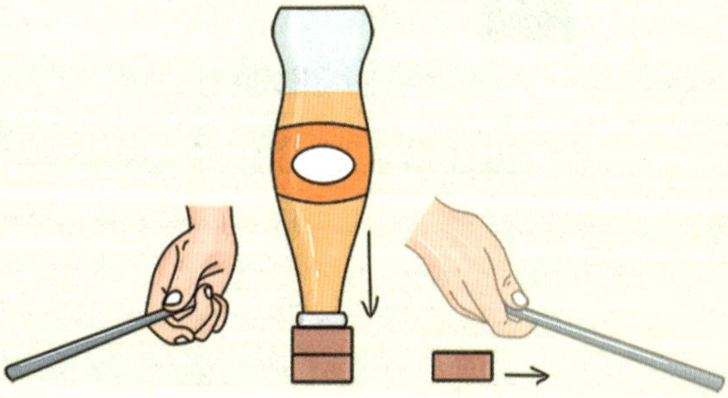

3

③ 敲击棋子的速度要快，可以将铁棍贴着桌面滑动以实现快速敲击。敲击之后，手里的铁棍不能停留在棋子附近，而应快速离开，滑到棋子另一侧。玻璃瓶会稳稳落下，瓶中的水几乎没有流出。

科学原理

玻璃瓶能够稳稳落下，是因为它最初和棋子一起保持静止状态。当棋子被迅速敲走时，玻璃瓶由于惯性继续保持原来的静止状态，仿佛没察觉到棋子已经不再支撑它了。在这一瞬间，重力成为主导力量，引导瓶子垂直下落。这个过程展示了惯性和重力之间的默契合作。

科学笔记

稳住的瓶子

实验步骤

❶ 将一个玻璃瓶放在桌上，瓶口处放一张白纸，将另一个玻璃瓶瓶口朝下，小心翼翼地倒扣在白纸上，确保上、下两个瓶口对齐。

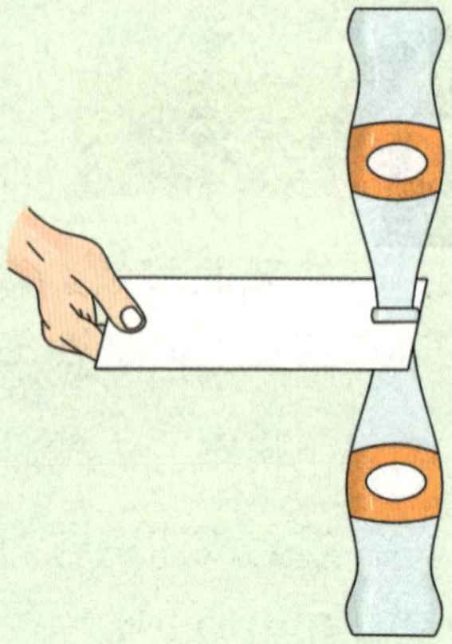

1

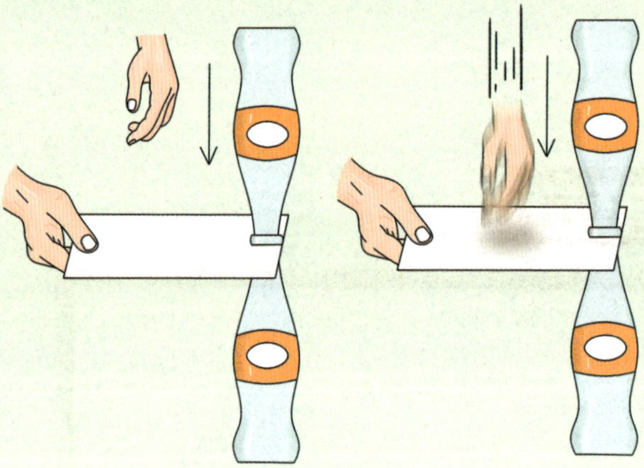

2　　3

❷－❸ 一只手拉住白纸，再用一只手猛地用力往下打向白纸。

❹ 白纸被迅速抽出，但两个玻璃瓶却稳如泰山，丝毫没有晃动。

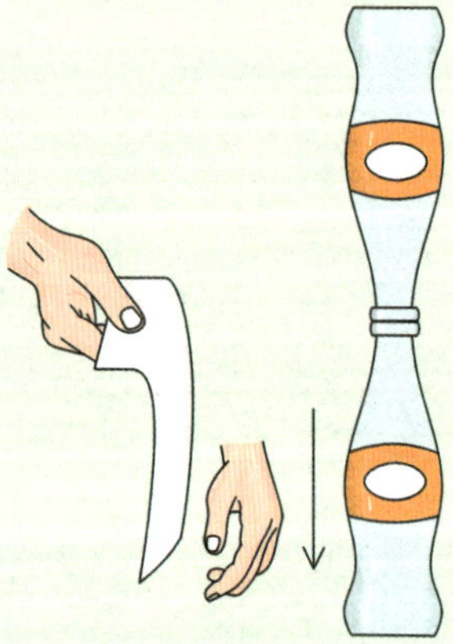

4

科学原理

两个玻璃瓶一开始均处于静止状态，在白纸被迅速抽出时，玻璃瓶由于惯性仍保持原来的静止状态。上面的玻璃瓶在重力的作用下，迅速竖直下落，直至其瓶口紧贴下方玻璃瓶瓶口，而不会倾斜或晃动。

科学笔记

生鸡蛋、熟鸡蛋巧区分

实验一步骤

① 准备一个生鸡蛋和一个熟鸡蛋，分别转动两个鸡蛋。

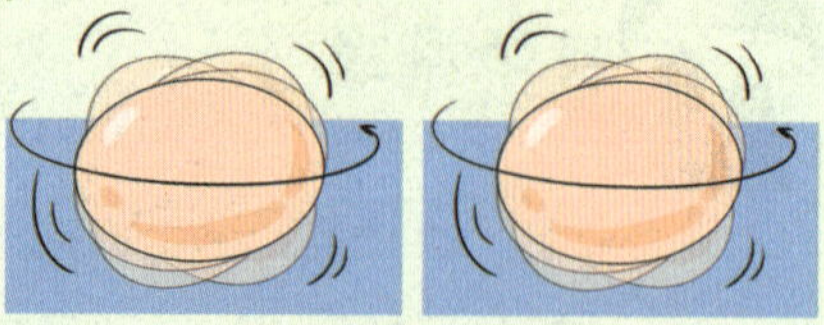

1

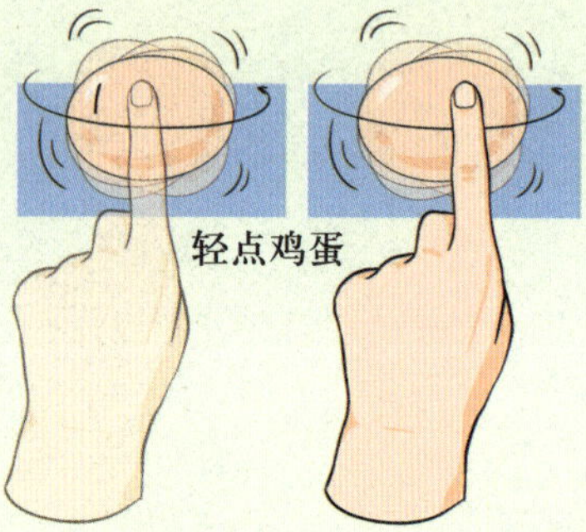

2

② 然后用手轻点一下鸡蛋。

③ 这时，还在旋转的是生鸡蛋，停止转动的是熟鸡蛋。

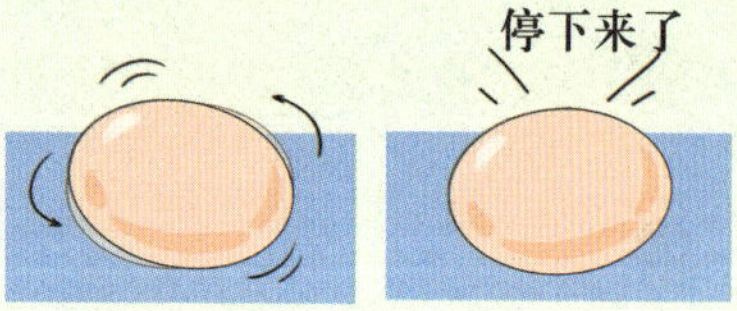

3

实验二步骤

① 将生鸡蛋和熟鸡蛋放在同一起点，同时向前滚。

② 你会发现熟鸡蛋滚得较快，生鸡蛋滚得较慢。

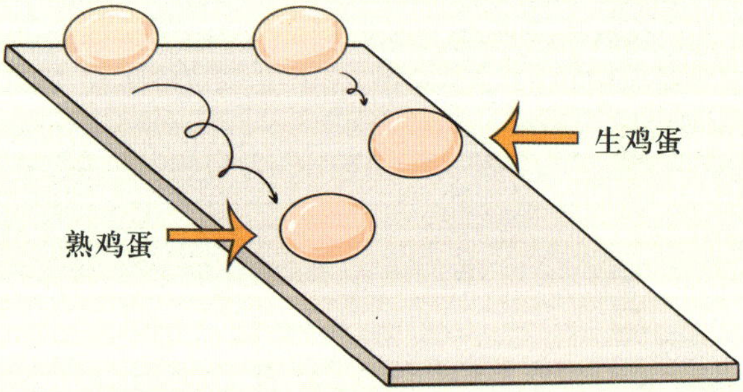

科学原理

在实验一中，当你旋转生鸡蛋和熟鸡蛋时，两个鸡蛋都会开始转动。但因为它们内部结构的差异，表现出的运动特性会有所不同。当你轻点鸡蛋时，实际上是给它们一个外力来改变其运动状态。熟鸡蛋是一个固体整体，它的内外转动几乎是同步的，所以当你轻点它时，它会立即停下来。而生鸡蛋由于内部液体的惯性作用，外壳会因轻点而停止，但内部液体仍然保持转动状态，使得鸡蛋继续旋转一段时间，直到液体的运动逐渐减缓才会停下来。

实验二中，当我们同时将生鸡蛋和熟鸡蛋向前滚动时，熟鸡蛋作为一个固体结构，整体上能够保持均匀的运动，它的动能分布均匀，能够滚得更快。

而生鸡蛋内部是液体，由于内部液体的惯性作用，它不容易立即改变运动状态。这样一来，生鸡蛋的动能就没有立刻完全转化成滚动的能量，部分能量被消耗在克服液体的惯性上，导致它滚动的速度比熟鸡蛋要慢。

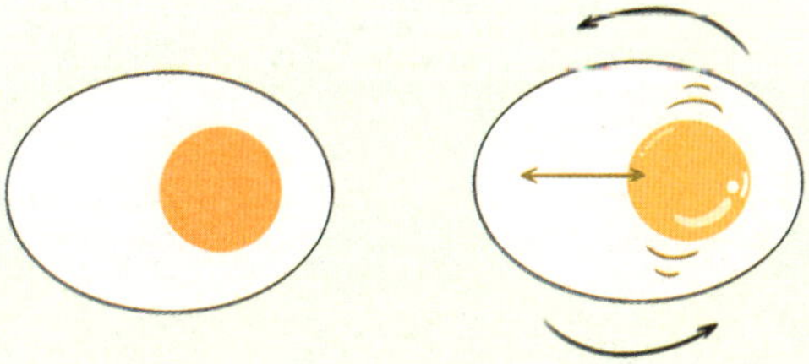

熟鸡蛋　　　　生鸡蛋

第四章

摩擦力的科学魔术

在我们踏入摩擦力的迷宫之前，请先放慢脚步，去感受那种无形但真实存在的阻力——它看似微不足道，实则影响着我们生活的方方面面。如弹力一般，摩擦力悄无声息地维持着物理世界的动态平衡。如果没有摩擦力，那么行走、抓握、刹车这些简单的动作，都将变得无法实现。

摩擦力的强弱，取决于接触面之间的粗糙程度以及施加的正压力的大小。滑动摩擦力的大小与物体的质量成正比，这意味着物体质量越大，摩擦力也就越大。同时，摩擦力还受到材料种类的影响，某些材料天然摩擦力较小，如冰上滑行的鞋底，而某些材料则摩擦力巨大，如粗粝的砂纸。

在本章中，我们将解锁摩擦力的奥秘，探讨它如何做到既是我们生活中的守护者，又是魔术世界中不可或缺的力量。届时，当你再看向那缓缓停下的汽车时，或许你会对这股默默支撑一切的力量多一份敬畏。

神奇科学魔术

筷子提米

魔术表演

❶ 魔术师拿出一杯米，把一根筷子竖直插入米中，神秘地说：“看好了，这是一根普通的筷子和一杯普通的米。你们相信我可以用筷子把这杯米提起来吗？”

1

2 魔术师邀请观众先试试，“看你们谁能用这根筷子把米提起来！”观众满怀信心地抓着筷子，试了一次、两次，结果都是筷子从米里滑了出来，米根本提不起来。魔术师在一旁偷笑：“别急，再试试？”观众挠头试了几遍，仍然没有成功。

2

3

3 魔术师接过筷子，故作神秘地对着杯子轻轻吹了口气，摆出一副很酷的样子说：“魔法启动！”

4 然后，他稳稳地抓住筷子往上一提，整杯米竟然被提了起来！观众惊呼：“怎么可能！到底是怎么做到的？！”

4

科学原理

这个杯子暗藏机关，杯壁处有夹层，里面装满了水，在杯壁和杯底部分别有两个小孔，魔术师用透明胶带堵住杯壁上的孔，这样杯子里的水一直藏在杯壁中，并没有流入杯子内部。当魔术师把透明胶带揭开时，水就通过杯底小孔流入杯底的米粒中，米粒之间的摩擦力和黏合力变大，使得筷子与米粒之间的摩擦力增强。这样，筷子就能够“抓住”米粒，魔术师因此可以轻松地将整杯米提起。

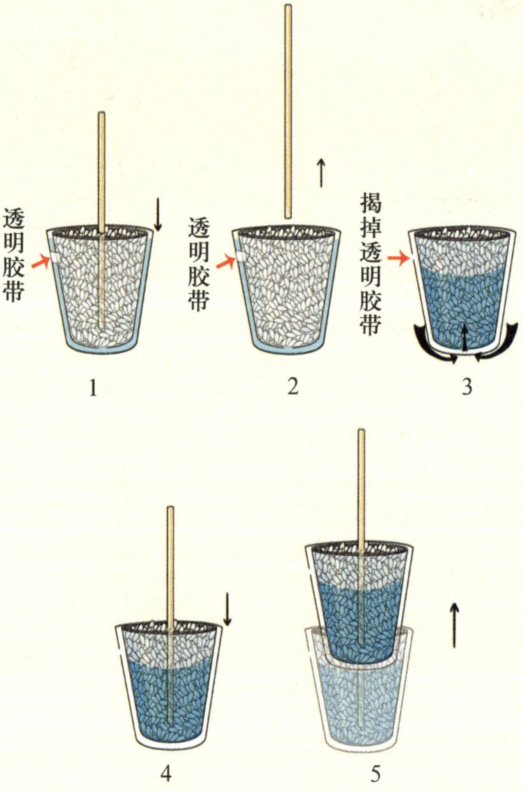

科学笔记

绳子与小球

1

魔术表演

❶ 魔术师拿出一个小球，展示给观众看。

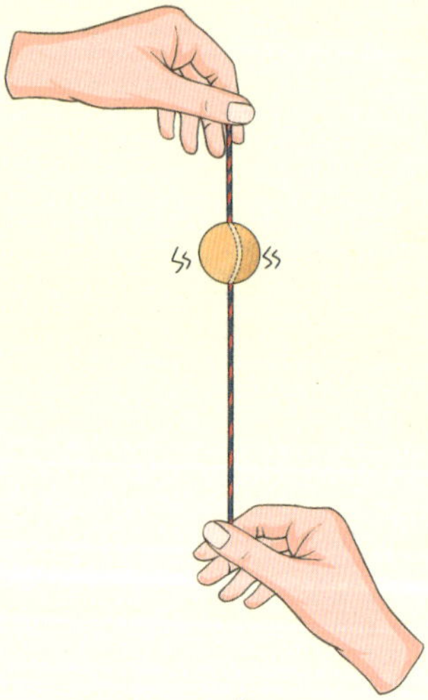

2

❷ 魔术师用一根细绳将小球穿起来，然后将小球拉到绳子最上方，小球竟然停在了绳子上。

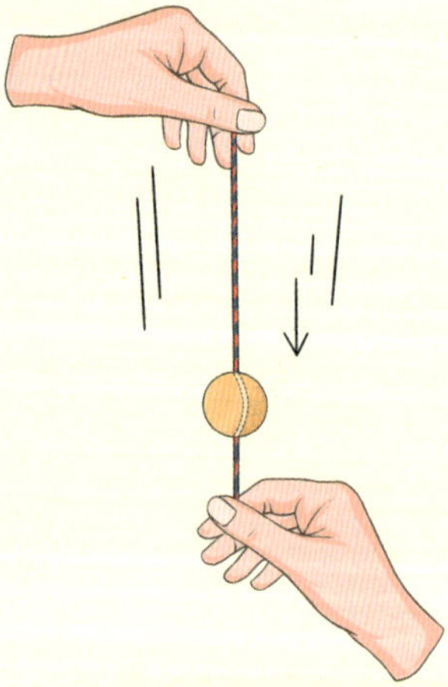

3

❸ 当魔术师说“下去”，话音刚落，小球便从静止状态开始下落。

科学原理

实际上，小球内部有一根中间轴，如下图所示，当绳子处于紧绷状态时，绳子受到中间轴的摩擦力增大，小球就会停在原处而不会下落。当绳子放松后，绳子受到中间轴的摩擦力减小，小球就会在重力的作用下自然下落。

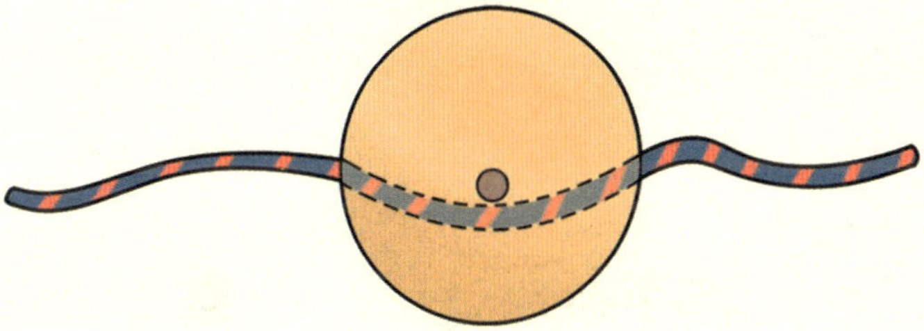

绿野仙踪

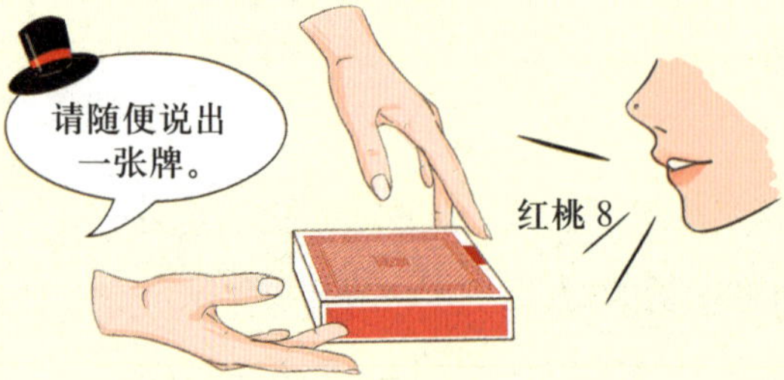

1

魔术表演

1 魔术师微笑着对观众说：“请随便说出一张牌。”

2 观众喊出红桃 8，魔术师点点头，说：“其实我已经提前预知你会说哪张牌。”接着，他拿起牌盒，做了几个神秘的魔术动作，还不忘加一句：“瞧好了，奇迹即将发生！”

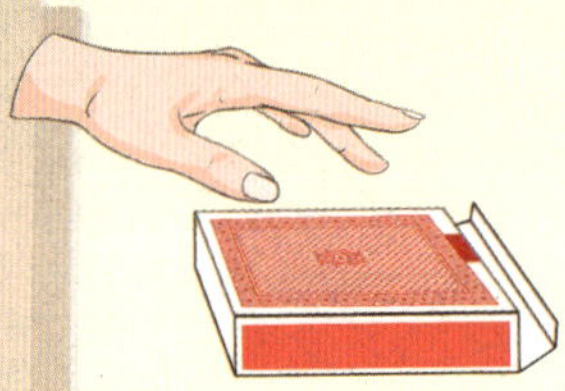

2

3

3 然后，他从容地将扑克牌展开，只见整副牌中，只有一张牌背面向上，显得与众不同。

4 魔术师自信地一翻牌，观众瞬间瞪大了眼睛——没错！那张牌正是观众刚才随口说出的那张！全场惊呼：“太神奇了，这不可能！”

4

科学原理

1 这个魔术的秘密在于，两张牌之间通过特殊的阻尼材料（喷雾）增加了表面的摩擦力，在展牌的过程中，由于摩擦力的作用，下面的牌不会露出来。而每一张牌下面都隐藏着另一张牌，例如方块6下面藏着梅花6，黑桃7下面藏着红心7。

2 在展开牌的过程中，只需在观众所选牌的位置施加点力，即可推出下面隐藏的牌，实现魔术效果。

1

2

两张牌之间的切面图

吸管提瓶

1

魔术表演

1 魔术师展示一个看似普通的饮料瓶，瓶口插着一根吸管。

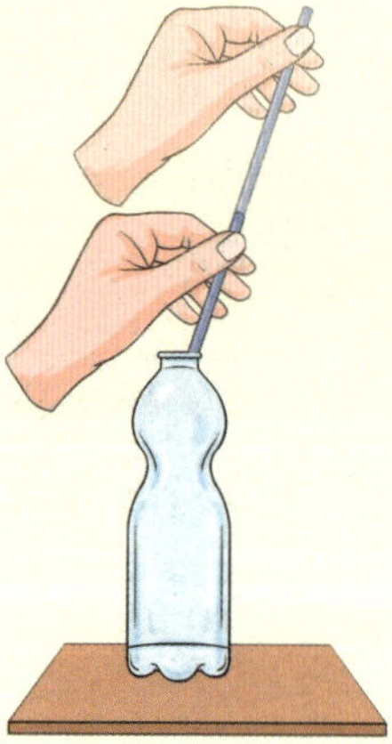

2

2 魔术师上下拉动吸管，正面看吸管此时和瓶子之间是分开的，并没有连接在一起。

3

3 魔术师对着吸管轻轻吹了口气，神奇的一幕发生了——瓶子竟然被吸管提了起来。

科学原理

当吸管插入瓶子并弯曲时，吸管的一部分紧贴在瓶子的瓶壁和瓶颈处。这种紧密接触除了产生足够大的摩擦力，此外，还形成了额外的挤压力，帮助固定吸管，使其无法滑出瓶口。因此，我们可以轻松地用吸管把瓶子提起来。

科学笔记

探秘科学知识

什么是摩擦力

摩擦力就在我们身边，默默帮我们控制速度、保持平衡。现在，让我们来看看摩擦力是怎么运作的。

摩擦力实际上是物体表面之间的一种“拉拉扯扯”的过程。当两个物体接触时，两个接触面之间会产生一种“拉扯”力。这种力通常会阻止物体滑动或者减缓滑动的速度。它像个看不见的小能手，总是在物体运动时发挥作用，要么拉住物体不让其移动，要么使物体的运动速度减慢。

摩擦力阻止物体滑动

当你把手指放在桌子上时，手指和桌子表面虽然看起来都比较平整，但在微观层面，它们其实布满了凹凸不平的小突起。在接触时，这些小突起如同“手拉手”一样粘在一起，从而阻碍了它们的相对滑动。这就是摩擦力的来源！有时，物体表面的分子之间还会产生黏着力，这也会让摩擦力增强。

摩擦力的三种类型

1. 静摩擦力

静摩擦力是当你试图推动一个静止的物体时，它顽强“稳住自己”的那种力量。例如，当你试图推动一张大桌子而它却不动时，这是因为静摩擦力在拉住桌子，仿佛在说：“别担心，我不会让你轻易滑走的！”一旦你的推力超过了静摩擦力的最大值，桌子就会开始移动，静摩擦力也就“认输”了。

2. 滑动摩擦力

当桌子开始移动后，静摩擦力完成了它的任务，接下来就由滑动摩擦力来“接棒”。滑动摩擦力虽然比静摩擦力弱一些，但它也会持续作用，减缓桌子的滑动速度，防止它过快移动。

3. 滚动摩擦力

当你给桌子的四条腿装上轮子时，桌子就会变得更容易移动。这是因为比起滑动摩擦力“拖着”物体阻止滑动，滚动摩擦力要小得多。在日常生活中，我们会用轮子或滚珠轴承来减少摩擦，从而使物体更容易移动。

知识拓展应用

生活中的摩擦力

摩擦力是我们生活中的“隐形小助手”，虽然它常常被忽视，但在很多地方发挥着重要作用。无论是走路、开车，还是使用工具，摩擦力都在背后默默地帮我们维持稳定，让生活更加便捷。下面，让我们来看看摩擦力到底有哪些“超级应用”吧！

1. 走路和跑步

在我们走路、跑步过程中，摩擦力都起着重要作用。当你的一只脚踩在地面上时，鞋底和地面之间会产生摩擦力，这个摩擦

地面和冰面上不同的摩擦力

力帮你稳固地抓住地面，让你可以往前走。如果没有摩擦力，你就会像在冰面上一样滑来滑去，根本站不稳，更别提顺利向前走了。摩擦力是名副其实的“稳住小能手”！

2. 汽车的抓地力

汽车的轮胎和地面之间也有摩擦力，这就是车子可以平稳行驶的原因。摩擦力让轮胎能够牢固地抓住地面，防止车轮打滑。如果路面没有足够的摩擦力（如下雨或结冰时的路面），车子就很容易打滑，导致行车变得危险。另外，轮胎上的花纹也是为了增加摩擦力，确保行车时的安全！

3. 抓握物品

当你用手握住一杯水或拿起手机时，摩擦力又一次发挥了作用，手和物品之间的摩擦力防止它们滑落。如果没有摩擦力，你手中的杯子会轻易滑掉，连简单的喝水动作都变得困难。

4. 机器运转

很多机器的运转也依赖于摩擦力。例如，皮带传动装置依靠皮带和轮轴之间的摩擦力来传递动力。如果没有足够的摩擦力，皮带就会打滑，导致机器无法正常运转。可见，摩擦力可以帮助机器顺畅运行，让它们能高效地完成工作。

5. 运动中的摩擦力

运动员的装备设计也充分考虑了摩擦力的作用。篮球运动员的鞋子底部设计了特殊的防滑纹路，可以增加摩擦力，让运动员在球场上快速移动时保持平衡。田径运动员的跑鞋也采用了类似的设计，帮助他们在起跑和冲刺时抓牢地面，提高速度和稳定性。

减小摩擦力的科技

1. 润滑油：机械系统的效率卫士

在机械设备中，金属部件的高速运动会产生显著摩擦，导致磨损和能量损失。以汽车发动机为例，活塞和曲轴等部件若直接接触，摩擦力会加速零件老化并降低运行效率。润滑油通过在接触表面形成一层液态薄膜，有效降低摩擦系数，使零件间的运动更加顺畅。这不仅减少了磨损，延长了设备寿命，还提高了能量利用率。

2. 冰刀设计：滑冰速度的科学奥秘

滑冰运动中，减少摩擦是实现高速滑行的关键。冰刀的设计体现了摩擦力调控的精妙：刀刃极薄，与冰面的接触面积被压缩到极小，从而大幅降低摩擦阻力。结合冰面本身的低摩擦特性，冰刀使滑冰者能够以最小的阻力快速滑行。

3. 磁悬浮列车：摩擦力的革命性突破

在高速交通领域，摩擦力是效率和速度的阻碍。传统火车在轨道上运行时，车轮与轨道的摩擦不仅浪费能量，还会导致部件磨损。磁悬浮列车通过电磁技术彻底消除了这一问题，其原理基于电磁力：列车底部和轨道上安装的强力电磁铁，通过精确控制电流产生“同性相斥”的磁力，使列车悬浮在轨道上方约 1 厘米处。由于无物理接触，摩擦力几乎为零，列车得以实现超高速度运行。例如，上海磁悬浮列车在 30 千米的浦东机场至市区线路上，最高时速可达 430 千米，仅需 8 分钟即可完成全程。这项技术不仅提升了运行效率，还减少了轨道和车轮的磨损，显著降低了维护成本。

科学笔记

超风前沿科技

石墨烯的奥秘

如何减少不必要的摩擦力呢？科学家们一直在寻找更优的解决方案。近年来，一种名为石墨烯的材料备受瞩目，被誉为“减少摩擦力的超级材料”。

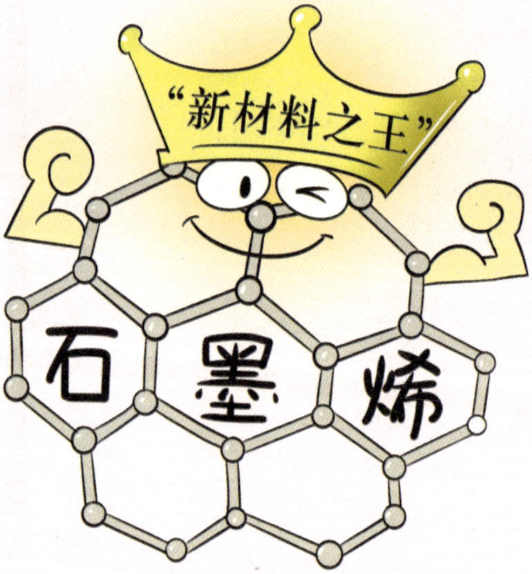

石墨烯是一种由碳原子构成的神奇材料。它的厚度只有一个原子大小，是目前已知最薄、最坚硬的材料之一。石墨烯的结构非常特别，是由众多六边形组成的蜂窝状晶格，就像蜂巢一样。这种结构让它拥有了许多神奇的特性：非常坚硬，导电性极强，导热性也很好。除此之外，石墨烯还有一个特别的本领——润滑性能超群！这得益于它超薄的厚度和层状结构。

科学家们发现，在润滑油中加入少量石墨烯后，机器可以更长时间地运行，而不需要频繁更换润滑剂。石墨烯在高温、高湿度等极端条件下表现得特别出色。例如，在高温环境下，石墨烯涂层的摩擦系数可以接近零，几乎达到了“超润滑”效果。这种性能让它在航空航天、高端机械等领域有了广阔的应用前景。

石墨烯为什么能有效地减少摩擦力呢？它的润滑原理主要有以下几点。

1. 形成超薄润滑膜

石墨烯的超薄结构让它能够像一层“魔法纸”一样，贴在两个摩擦表面之间。这层“魔法纸”有效减少了两个表面之间的直接接触，从而大幅减少摩擦力。例如，当两块金属摩擦时，如果没有润滑，它们会因为直接接触而磨损；但有了石墨烯，金属表面就像穿上了“保护衣”，摩擦力大大减少。

2. 快速散热

摩擦不可避免地会产生热量，石墨烯的高导热性可以帮助快速散去这些热量，避免因为温度升高而导致表面损伤。这样一来，机器运行时不仅更顺畅，还能更高效。

3. 适应性强

石墨烯还有一个神奇的特性——它能在不同的压力下“自动调整”。例如，在极端压力下（如超过 2 千帕），它依然能保持稳定的润滑状态。这种“自适应”能力让它在复杂的工作环境中表现得非常出色。

尽管石墨烯已经展现出了巨大的潜力，但它现在还有一些小问题需要解决，如制备成本较高、分散性问题等。不过，科学家们正在努力攻克这些难题，相信不久的将来，石墨烯会变得更加便宜、更容易应用。

魔幻科学实验

盐立鸡蛋

实验步骤

① 取一个瓶盖平置于桌面，将一枚鸡蛋垂直立放在瓶盖中，确保鸡蛋保持直立状态。

1

② 在立好的鸡蛋顶端均匀撒上一层盐粒，形成一个小盐堆。

2

③ 将另一枚鸡蛋垂直放置在撒有盐粒的鸡蛋顶端，此时上面的鸡蛋竟然屹立不倒。如果盐粒放得较少，远距离就看不到盐堆，好像上方的鸡蛋真的凭空立住了一样。

3

科学原理

当第二枚鸡蛋放置在盐堆上时，盐粒提供了足够的摩擦力。第二枚鸡蛋的重心位于支撑点的正上方，盐粒的摩擦力和下面鸡蛋的支撑力共同作用，使得第二枚鸡蛋能够稳定地立在第一枚鸡蛋的顶端。鸡蛋表面的微小凹凸结构也使得盐粒不滑落，增强了支撑效果。

科学笔记

书本提水

实验步骤

1

① 将两本书从中间页的位置打开，各挂在一个衣架上。

2

② 然后把两本书逐页交叉叠放，使两本书的每一页互相完全交错贴合。

3

③ 用一侧衣架钩挂住矿泉水瓶提手，另一侧衣架作为提拉支点，书本不仅没有分开，而且可以把水桶提起来。

科学原理

当两本书逐页交叉叠放时，书页之间的接触面积显著增加，且书页表面的微观凹凸结构相互交错，形成了大量的接触点。这些接触点通过静摩擦力相互作用，使得书页之间能够传递力和抵抗滑动。随着书页的交错程度增加，摩擦力的总和显著增强，从而使得两本书像一个整体一样承受外部的拉力。

科学笔记

塑料袋提水杯

实验步骤

① 找一个长筒状的玻璃杯，将塑料袋放进杯子。

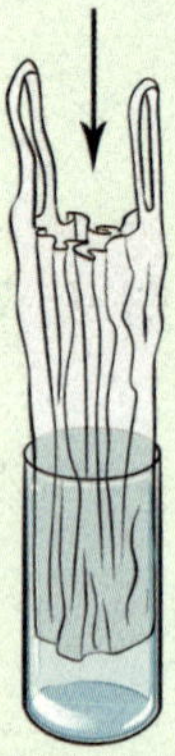
1

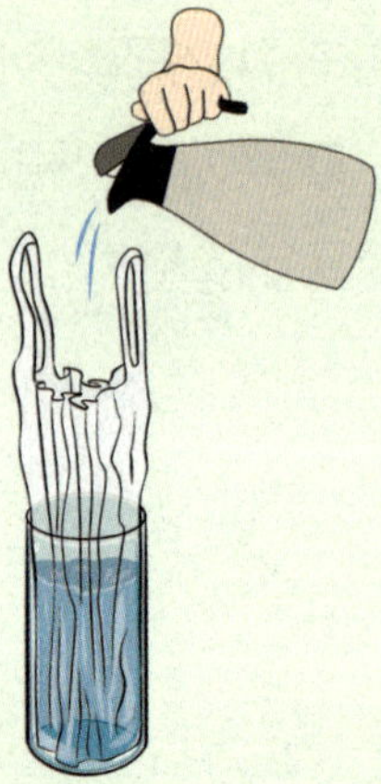
2

② 打开塑料袋的口，往塑料袋里倒水。

③ 往上提装水的塑料袋时，发现此时水杯也被提了起来。

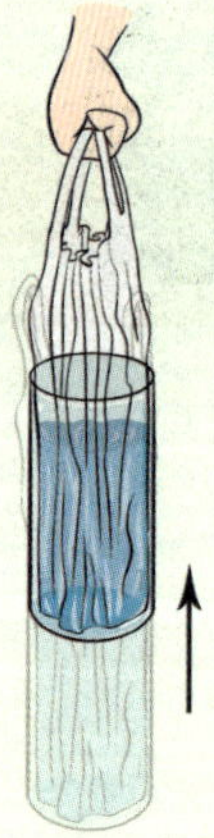
3

科学原理

当塑料袋被放入水杯时，它会自然贴合水杯的内壁。倒入水后，塑料袋膨胀，进一步增加了与水杯内壁的接触面积。塑料袋和水杯内壁之间的接触面会产生静摩擦力。静摩擦力阻止了塑料袋相对于水杯内壁的滑动。当提拉塑料袋时，这个摩擦力传递给了水杯，使得水杯也被提了起来。

第五章

向心力的魔术和游戏

向心力这一充满魅力的物理现象，常常在魔术表演中扮演着令人惊叹的角色。向心力实际上是一种由物体旋转而产生的多种力提供的力，当物体沿圆周路径运动时，它实际上是倾向于沿切线路径脱离的，这是牛顿第一定律的一个直接结果，而向心力抵消了这一惯性。

准备好了吗？现在，让我们一起揭开向心力的神秘面纱。通过对本章的学习，你们不仅能增长知识，还将获得一种能力——用科学的眼光看待世界，并以此激发灵感，创造属于自己的奇迹。

神奇科学魔术

坚果进杯子的谜题

1

2

3

魔术表演

❶ 魔术师拿出一枚坚果，把它放在桌子上，笑着对观众说：“接下来，我要在不碰触这枚坚果的情况下，把它从一个杯子转移到另一个杯子里！”

❷ 观众们面面相觑，纷纷摇头：“不可能吧！这怎么可能做到？”

❸ 魔术师随后轻轻地用一个透明玻璃杯将坚果盖住。只见他快速转动杯子，神奇的一幕发生了——坚果仿佛被施了魔法，紧紧地“贴”在了杯壁上！当杯子被提起来时，坚果居然没有从杯子中掉下来！

4 魔术师继续表演，边转动杯子边将杯子慢慢移动到另一个杯子的上方，然后停止旋转，坚果完美地落到第二个杯子中。现场观众一片惊呼：“成功了！太神奇了！”魔术师神秘一笑，说道：“这就是魔法的力量！”

4

科学原理

这个魔术的秘密在于向心力的巧妙运用。当魔术师用玻璃杯盖住坚果并快速转动时，坚果受到杯壁提供的支撑力和摩擦力等力的作用，形成向心力，被“拉”着做起了圆周运动。这让坚果看起来像是被粘在了杯壁上，实际上是力的作用在操控它。

当魔术师将旋转的杯子移动到另一个杯子上方并停止旋转时，向心力消失，坚果受重力作用自然落入第二个杯子中。通过对向心力和重力的精准利用，这一过程显得像魔法，但实际上是物理原理的巧妙应用。

不掉落的硬币

1

魔术表演

❶ 魔术师拿出一个衣架，将它横着弯折，形成一个类似菱形的形状。

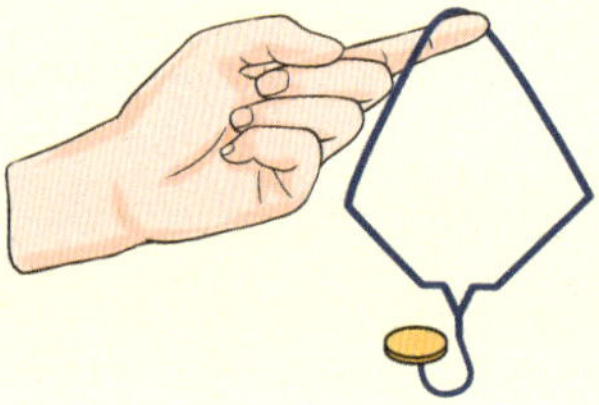

2

❷ 接着，他把弯折后的衣架倒挂在手指上，小心翼翼地将一枚硬币水平放在衣架钩子上。

3

❸ 魔术师用手指旋转衣架，硬币竟然不会掉落下来，稳稳地停留在钩子上。全场惊叹，纷纷拍手称奇！

科学原理

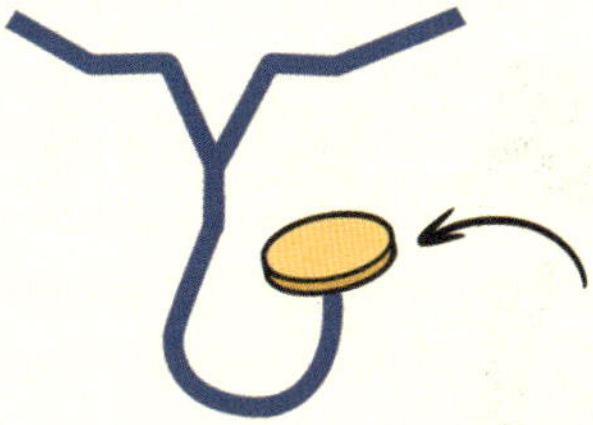

1

这个魔术效果利用了物理学中的重力和静摩擦力原理。硬币不掉落的原因是硬币所受重力和硬币与钩子之间的摩擦力的共同作用，产生了向心力，使硬币可以做圆周运动。

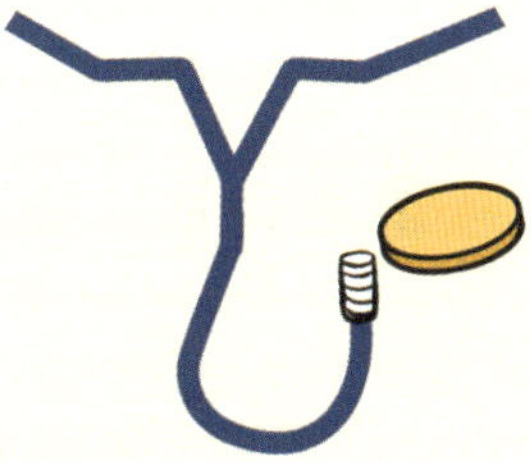

2

这个魔术成功的关键在于确保硬币与钩子之间有足够的摩擦力，并且旋转速度较快。如果旋转得太慢，向心力不足，硬币便会飞出去。因此，适当的旋转速度和衣架与硬币之间良好的接触是成功演示这个魔术的关键。用力旋转衣架，使其迅速旋转起来。旋转时，衣架上的每一点都会受到向内的向心力作用。

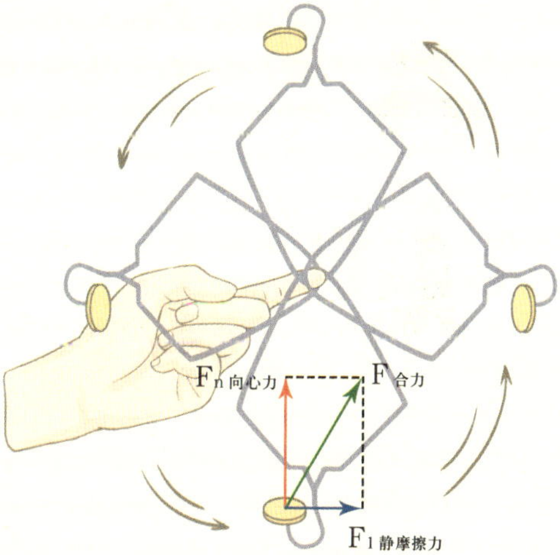

3

瞬移的小球

1

魔术表演

1 魔术师准备了两个杯子和一颗小球，声称只要轻念一句咒语，就可以将小球从一个杯子里瞬间转移到另一个杯子里。

2 在向观众展示完杯子和小球后，魔术师当着大家的面，用其中一个杯子轻轻将小球盖住，观众目不转睛地盯着这一切。

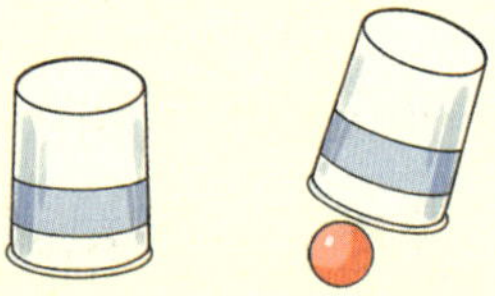

2

3

3 魔术师对着两个杯子轻声念了一句神秘的咒语，现场气氛立刻变得紧张起来。

4 魔术师把两个杯子揭开，神奇的一幕发生了——小球竟然出现在另一个杯子里。

4

科学原理

其实两个杯子里各有一个小球，奥秘就在杯子。两个杯子都是双层结构，且都有一个开关，打开开关，杯子内侧的夹层就会快速旋转，带动杯子里的小球一起旋转。由于离心力作用，小球会一直紧贴着杯壁，杯壁提供了向内的向心力，所以拿起杯子后，观众看不到里面的小球。而当关闭开关时，小球就不再有离心现象，不会再紧贴杯壁，所以就会掉落在桌面上。表演的时候，通过控制杯子的开关，就可以巧妙地让观众看到或看不到杯子里的小球。

1 2 3 4

探秘科学知识

什么是向心力

向心力是我们生活中看不见却始终存在的“幕后英雄”，它使得物体能够沿着圆形轨迹运动，而不会飞离出去。当你坐在旋转木马上时，向心力就是那个让你稳稳待在马背上的力量。它始终朝着圆心作用，确保你不会被甩出去！

科学家是如何发现向心力奥秘的？向心力的故事要追溯到这几位伟大的科学家。

1. 开普勒

德国天文学家约翰内斯·开普勒堪称研究行星运动的大侦探。他用了 20 多年时间，分析了老师第谷·布拉赫的观测数据，最终发现了行星绕太阳运行的奥秘，总结成著名的开普勒三定律：

第一定律（椭圆轨道定律）： 行星不是沿着圆形轨道运行，而是沿着椭圆轨道旋转，太阳在椭圆的一个焦点上。

第二定律（面积定律）： 行星离太阳近时运行速度较快，离得远时运行速度较慢，但它和太阳连线在相同时间里扫过的面积总是相等的。

第三定律（周期定律）：行星绕太阳一周的时间（周期）的平方，跟它到太阳的平均距离（半长轴）的立方成正比。简单说，离太阳远的行星转得慢，例如火星绕太阳一周比地球绕太阳一周花的时间长。

尽管开普勒没有用“向心力”这个词，但他深知，行星能沿着椭圆轨道跑，离不开一种“神秘力量”的支配。

2. 伽利略

伽利略·伽利雷，文艺复兴时期的科学先驱，以其对运动规律的深刻见解，为向心力的发现铺平了道路。在 17 世纪，亚里士多德认为物体需要持续的力才能保持运动，伽利略却通过实验挑战了这一观点。他的研究为后来的惯性定律奠定了基础，尽管这一定律最终由牛顿正式提出。伽利略的贡献在于，他通过观察和实验认识到，运动的物体在无外力干扰时倾向于保持其运动状态，这一思想为理解圆周运动和向心力的本质起到了关键性的启发作用。

伽利略的科学方法具有革命性的意义。他通过斜面实验，发现物体在光滑表面滚动时，若无摩擦力阻碍，会尽可能维持匀速运动。他还深入研究了抛物线运动，指出抛射体的水平运动和垂直下落是独立的。这些实验让他逐渐意识到，物体的“自然”运动倾向于直线而非曲线。然而，现实中的圆周运动，如行星绕太阳运动、绳子牵引的石块旋转，显然偏离了这一倾向。伽利略认为，要让物体沿圆形轨迹运行，必须有一个外力持续将其“拉”向圆心，以阻止其因自身运动惯性而飞出轨道。这个力，后来被确认为向心力。

3. 牛顿

牛顿是将这些发现系统化的集大成者。他不仅提出了万有引力定律，还通过数学推导得出了向心力的公式：$F=mv^2/r$。

在这个公式里：

- F 代表向心力，单位是牛（N）。
- m 代表物体的质量，单位是千克（kg）。
- v 代表物体的速度，单位是米每秒（m/s）。
- r 代表圆周运动的半径，单位是米（m）。

牛顿告诉我们，行星绕着太阳转动，是因为太阳的引力在“牵引”着它们，这就是行星的向心力！如果没有太阳的引力，行星就会像脱缰的野马一样飞向太空，而不会乖乖地绕着太阳转。

为什么课本里不提离心力了

原因其实很简单，因为离心力被认为是一种“假力”，它并不是真实存在的物理力。

1. 向心力和离心力的“较量”

在圆周运动中，真正存在的力是向心力，它总是指向圆心。这个力就是使物体沿着圆形轨道运动的根本原因。如果没有向心力，物体就会沿切线方向飞离圆周。

那么离心力呢？它听起来像是使物体甩出去的力，但实际上，它并不是真实存在的，而是一种帮助我们理解物体运动状态的“虚拟”概念。例如，当你坐在飞速转动的旋转杯里，感觉自己要被甩出去，但其实这只是你的惯性让你想继续沿直线运动，而旋转杯里的向心力在拉着你转圈圈。这种“被甩出去”的感觉就是所谓的“离心现象”，是一种惯性的直接作用。

2. 离心力的“退场”

以前，我们常用离心力来解释物体“被甩出去”的现象，但实际上更准确的表述应该是：物体想保持直线运动，但向心力不足以维持其圆周运动时，物体就会脱离圆周轨道。所以，物理学家更倾向于用向心力和离心现象来解释圆周运动，而不再提及“离心力”这一概念。

知识拓展应用

有趣的向心力

向心力，虽然听起来有点神秘，但它在我们的日常生活中可是无处不在的，而且它让很多事情变得超级有趣！你肯定在一些旋转的体验中感受过它的“神奇力量”，比如坐旋转木马或者玩过山车时的那种感觉。现在，让我们看看向心力到底有哪些酷炫的影响吧！

旋转飞椅

你坐在旋转飞椅上，旋转速度越来越快。吊起飞椅的绳索提供向心力，如果这个向心力突然“罢工”了，你会像火箭一样飞出去！没错，向心力就是那个让你稳稳地保持在圆形轨道里的力量。它让你每次坐旋转设施时都能安全地“飞”起来，但又不会被甩出去。

向心力是旋转运动的“幕后英雄”，在洗衣机和离心机等设备中发挥着至关重要的作用。当这些设备高速转动时，里面的物体会因为惯性想往外飞，这就是离心现象。但要让它们乖乖绕圈运动，就得靠向心力拉住它们。在洗衣机里，甩干桶转动时，衣服和水由于惯性试图往外甩，是桶壁提供了向心力，让它们紧紧附在桶壁，水从桶壁的孔里被挤出去，衣服得以干燥。

离心机的工作原理也一样，转动时牛奶和奶油因惯性想飞出去，容器壁提供了向心力，让它们绕着中心转，密度大的牛奶甩到外圈，密度小的奶油留在中间，轻松分开。这股向心力可不小！转得越快，机器承受的压力越大。如果设计不够坚固，设备可能面临被“撕裂”的风险。所以，工程师用高强度钢材进行加固，确保机器在运行过程中稳定可靠。

科学传奇故事

大家都知道，地球像一个大陀螺一样在不停地自转。但是，有一个问题，科学家们一直没有办法直接观察到地球的自转现象。于是，法国物理学家傅科设计了一个实验，来证明地球在转动。

傅科摆的发明

傅科是一位非常聪明的科学家，他想出了一个既简单又有趣的方法来证明地球在旋转。他发明了一种名为“傅科摆”的大摆锤，由一根长长的铁线悬挂着一个沉重的金属球。当这个金属球被推动开始摆动时，它并不会像普通摆锤那样简单地来回摆动，而是会逐渐改变摆动的方向。这种现象巧妙地展示了地球自转的影响，成为科学史上一个经典的实验。

我们可以从以下两方面更深入地理解傅科摆的现象。

1. 惯性与地球自转的关系

摆锤可以摆动是因为惯性。摆锤本身会保持它的原始运动状态，直到有外力改变它的方向或速度。理论上，摆锤的摆动应该是在一个平面内进行的，但地球并不是静止的，它在自转。因此，摆锤会受到地球自转的影响，导致它摆动平面的相对位置发生变化。换句话说，摆锤上的重物会受到地球自转的影响，随着地球的自转，摆锤的“摆动平面”也会慢慢发生旋转。

2. 科里奥利效应

傅科摆的现象是因为地球不是静止的，而是绕自己的轴转动。当一个物体（例如摆）自由运动时，它会受到科里奥利效应的影响。科里奥利效应是指在旋转的参考系（如地球）上，运动的物体会出现方向偏转。在傅科摆的情况下，摆锤在摆动时，地球的旋转会导致它的摆动方向发生偏移，呈现出一个渐变的旋转轨迹。

如何观察傅科摆的变化

如果你站在傅科摆旁边观察，你通过重物下方的量角器会发现摆锤的摆动方向在一点点地转变。这是因为地球的转动影响了摆锤的运动方向。通过傅科摆的摆动变化，我们能够间接地证实地球正在自转。

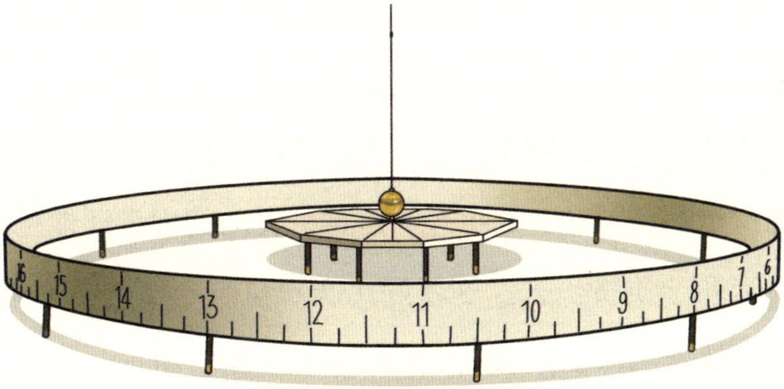

傅科摆

超凡前沿科技

离心铸造技术

你是否好奇，水管、车轮，甚至飞机引擎里的零件是怎么制造出来的？今天，就来讲一种特别神奇的制造技术——离心铸造。尽量听起来高端且复杂，但其实原理很简单。

我们先从它的基本操作流程说起。工人们会把金属，如钢、铁或者铝，扔进一个高温的熔炉里，加热到上千摄氏度，把它们变成像熔岩一样流动的液体。然后，他们把这些金属液体倒进一个长得像圆筒的模具里。关键来了，这个模具可不是静止不动的，它会像游乐场的旋转飞椅那样，飞快地转起来，转速有时候能达到每分钟几百甚至上千圈。因为转得快，金属液体就产生离心现象，被甩到模具的边上，紧紧贴着内壁铺开。等到金属冷却变硬，模具一打开，一个结实又漂亮的圆形零件就诞生了，

为什么要用这种旋转的方式来铸造呢？这是因为旋转的过程中，金属会被均匀地摊开，做出来的零件表面光滑得像镜子，形状也特别整齐，不会歪七扭八。而且，转动的力量还能把金属里的小气泡和杂质挤出去。这就好比洗衣机洗衣服，洗衣机一转，水和污物就被甩掉了，衣服变得干净又平整。所以，用离心铸造做出来的零件特别结实耐用，能承受很大压力。

现在，离心铸造已成为工业界的“超级英雄”。现代工厂里，

科学家和工程师们用电脑来控制模具转速和金属冷却温度，这样就能做出超级复杂且精密的零件。飞机在飞行的时候，引擎里有些零件要扛住几千摄氏度的高温和巨大的压力，这时候就得靠离心铸造来帮忙了。该技术还能用合金材料——就是把几种金属混在一起熔化，制造出又轻又硬的零件。这些零件特别适合用在高铁、飞机，甚至太空飞船上，因为它们既要结实又不能太重。

更厉害的是，现在的离心铸造技术还能制造出特别大或特别薄的零件。有的模具直径能达到好几米，做出来的大管子可以用来建核电站；有的能精确到毫米级别，做出薄薄的金属壳，用在深海潜艇上。工厂里还发明了边转边冷却的技术，极大地提高了生产效率，过去做一根大管子可能要好几天，现在几小时就能完成，省时又省力！

离心铸造还有一个很大的优点，就是其制作过程特别环保。传统方法做零件，可能会浪费不少金属，切掉一大堆边角料。但离心铸造不一样，转的时候金属分布得刚刚好，几乎没什么多余的要扔掉。这不仅节约了成本，还减少了对环境的污染。所以，现在很多尖端行业，如航空航天、能源工业，都离不开离心铸造技术的支持。

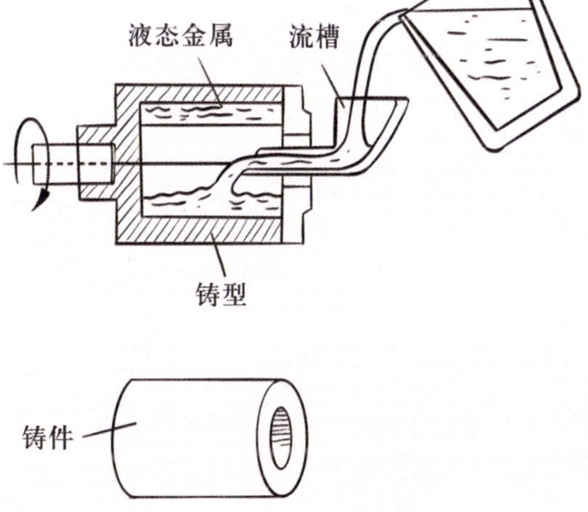

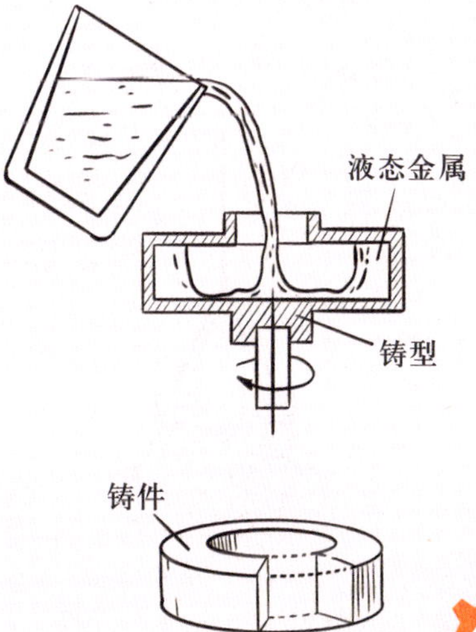

魔幻科学实验

超级水流星

实验步骤

① 准备一个装满水的小桶。如果没有小桶，可以用塑料水杯或者一次性水杯代替。

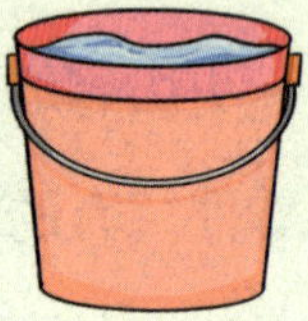

1

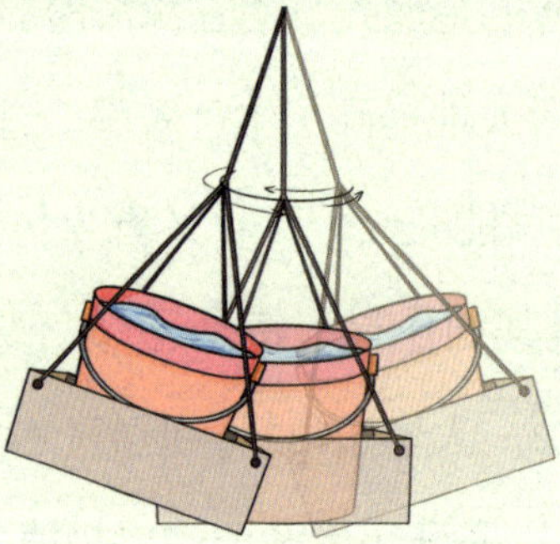

2

② 用绳子系住一个盒子，并把水桶放置在盒子中，让水桶口保持水平不倾斜的状态。

③ 用力甩动水桶，使其快速旋转，水桶在空中飞速转动，但桶里的水却没有洒出来。

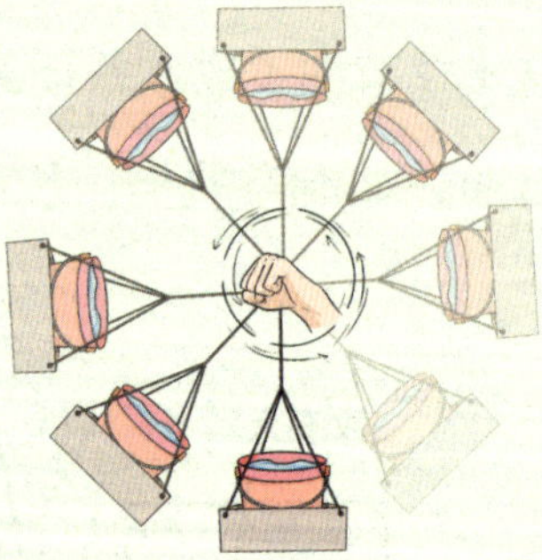

3

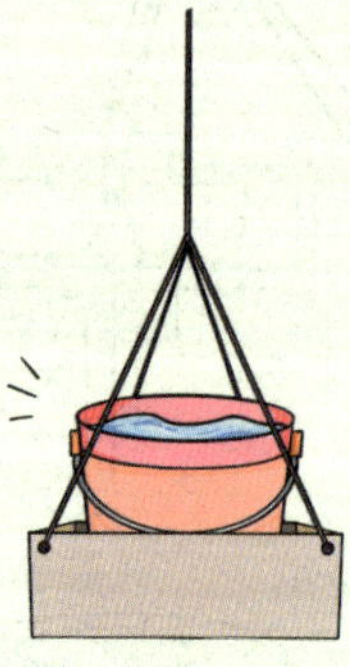

4

④ 最后，让水桶缓慢且稳稳地停止旋转，如果控制得好，可以让水一滴都不会洒出来。

科学原理

这是因为在甩动过程中，水桶内的水在各种外力的作用下，产生了向心力，水按照圆周的方向随水桶或杯子运动，从而阻止了水洒出来。

科学笔记

第六章

作用力与反作用力

在魔术的世界里，力如同一根无声的指挥棒，操控着每一次惊叹与迷惑。那些看似不可思议的奇迹，实际上遵循着宇宙最根本的法则，而作用力与反作用力便是这魔幻交响中的基础乐章。

这种对力量的精准掌控，正是魔术的迷人之处。观众的目光紧随着魔术师手中的道具，却未曾注意到，正是那些隐匿的反作用力与不经意间的平衡调整，才让奇迹成为可能。力量的流转在表面下涌动，而魔术师仿佛成了科学与幻想的双重代言人。魔术师借助科学创造幻象，以幻象诠释科学。当幕布拉起，观众不仅欣赏到了一场视觉盛宴，也在潜移默化中领略了自然法则的壮丽诗篇。

神奇科学魔术

神奇的风扇小车

1

魔术表演

1 魔术师拿出一辆装有风扇的小车，对观众说："这是一辆风扇小车，怎样让它从运动状态变为静止呢？"

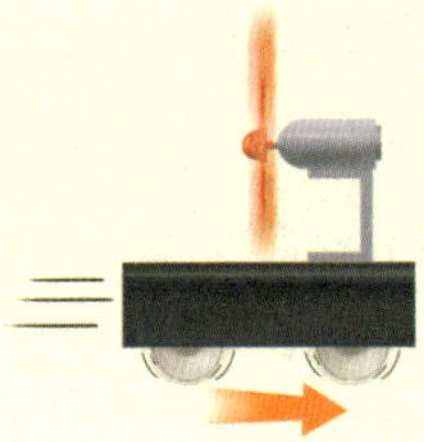

2

2 当小车上的风扇打开时，小车便开始向前移动。

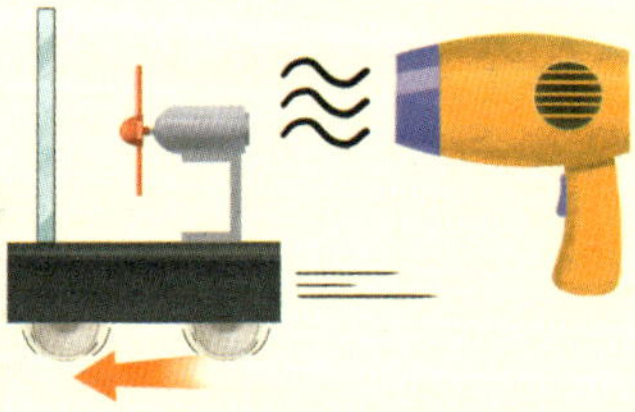

3

3 魔术师接着在小车上装了一块玻璃挡板，然后用吹风机朝着小车移动的相反方向吹，小车竟然开始向后退！

4

4 最后，魔术师只打开小车上的风扇，小车却一动不动，仿佛被无形的力量固定在原地，观众们很是不解。

科学原理

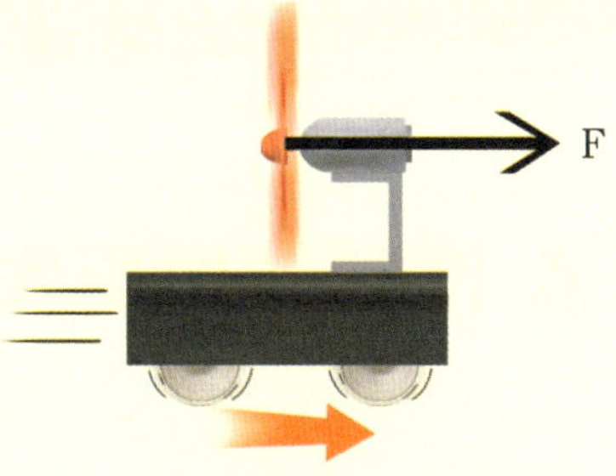

1

1. 风扇推动小车前进的原理：风扇打开时，向后吹出空气，对空气施加了一个向后的作用力。根据牛顿第三定律，即作用与反作用定律，空气会反过来对风扇施加一个向前的反作用力，这个向前的反作用力推动小车向前移动。

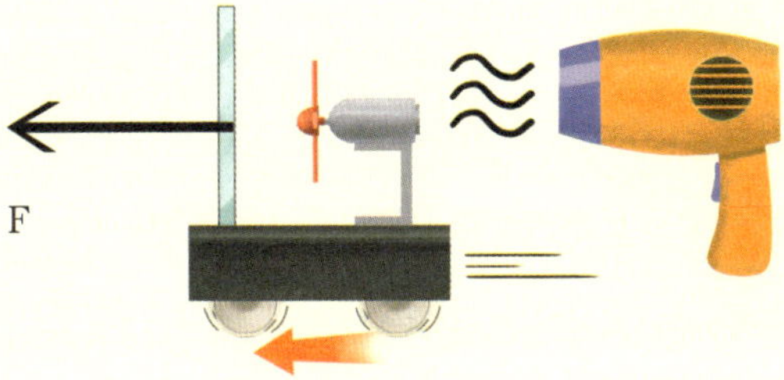

2

2. 玻璃挡板让小车向后退的原理：在小车上装上玻璃挡板后，吹风机吹出的空气会给挡板一个向后的推力，小车就会向后退。

3. 小车静止不动的原理：如果只有小车的风扇在吹，玻璃挡板会给风扇一个反作用力。风扇对挡板产生的向后推力刚好与风扇受到的反作用力大小相等，方向相反。这两个力相互抵消，小车便保持静止。

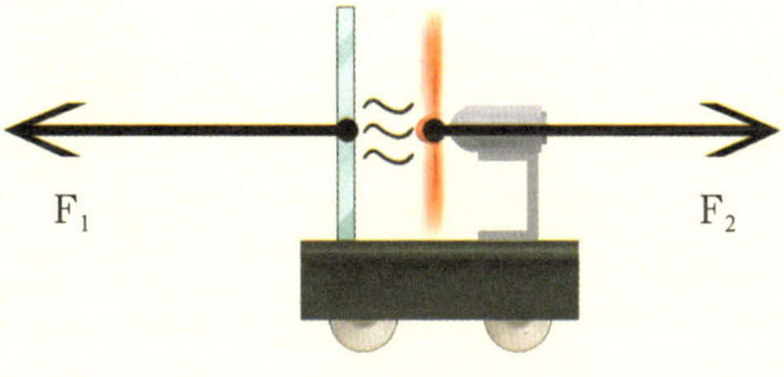

3

探秘科学知识

作用力与反作用力

为什么你在蹦床上用力一蹦就会弹起来？为什么你推开门，门会顺着你推的方向打开？为什么火箭向后喷气时能够向前推进？为什么炮弹向前飞出时，炮身则会向后退？这些现象背后蕴含着一个非常有趣的物理原理，即作用力与反作用力，这也是牛顿第三定律的内容。

牛顿第三定律的经典表述是："任何作用力必有一个大小相等、方向相反、作用在同一条直线上的反作用力。"简单来说，当你对某个物体施加力时，这个物体也会对你施加一个同样大小、位于同一条直线但方向相反的力。

知识拓展应用

生活中的作用力与反作用力现象

你有没有划过船？在划船的过程中，作用力与反作用力的相互作用始终存在。当你用桨用力往后划水时，你其实在对水施加了一个向后的作用力。这时，水也不甘示弱，给你一个向前的反作用力，这个力推动船往前进。所以，你划水的动作，不仅是在“击打”水面，还是在让水回馈给你一个推动力，这就是船能向前移动的原因。

因为作用力和反作用力总是成对出现，就像一对默契的好搭档，一起出现，彼此相伴，又一同消失。当你施加作用力时，反作用力也瞬间产生。生活中的每一次推拉、弹跳、行走，都是物体和你之间的一场“力量对话”。只要有力施加，世界就会用相同的力回应你。这就是牛顿第三定律背后有趣的“力学魔法”！

长征火箭为何飞得高

长征火箭是中国航天事业的骄傲，它的飞行高度和卓越性能绝非偶然。无论是其冲破云霄的壮观场面，还是其将卫星精准送入轨道的强大实力，背后都凝聚了科学的原理、精妙的设计和持续不断的技术突破。今天，我们一探究竟，看看长征火箭是如何“飞得高”的。

1. 飞行的基石：牛顿第三定律的推力奥秘

长征火箭能直冲云霄，首先要感谢一个基础的物理原理——牛顿第三定律：作用力与反作用力相等且相反。火箭发动机点火后，推进剂燃烧产生高温高压的气体，以极高的速度从尾部喷射出去。这股喷气的力量有多大，反过来就能给火箭提供多大的推力，助其摆脱地球引力的束缚。

我们可以把这想象成一个更高级的“气球实验”：放开一个充满气的气球，它会因为气流喷出而乱飞；而火箭则是把这股力量控制得恰到好处，直指苍穹。这就是长征火箭高飞的第一步。

2. 强大的“心脏”：高效推进剂与发动机的完美结合

光有原理还不够，火箭需要强有力的“心脏”来提供动力。长征火箭，尤其是像长征五号这样的重型运载火箭，采用了液体氢和液体氧作为推进剂。这对组合堪称“黄金搭档”：液氢热值高、重量轻，液氧助燃能力强，两者结合能释放出惊人的能量。

以长征五号为例，它的液氢液氧发动机推力达到了世界顶尖水平，能在极短的时间内将数吨重的载荷送入地球轨道甚至更遥远的深空。这种高效且强大的推进系统，是长征火箭能够飞得高的重要保障。

3. 巧妙的设计：多级火箭的“轻装上阵”

火箭要想飞得更高，光靠蛮力可不行，还得有聪明的设计。长征火箭采用了多级结构，每一级完成任务后便会分离，减轻重量，让后续级别以更高的速度继续飞行。

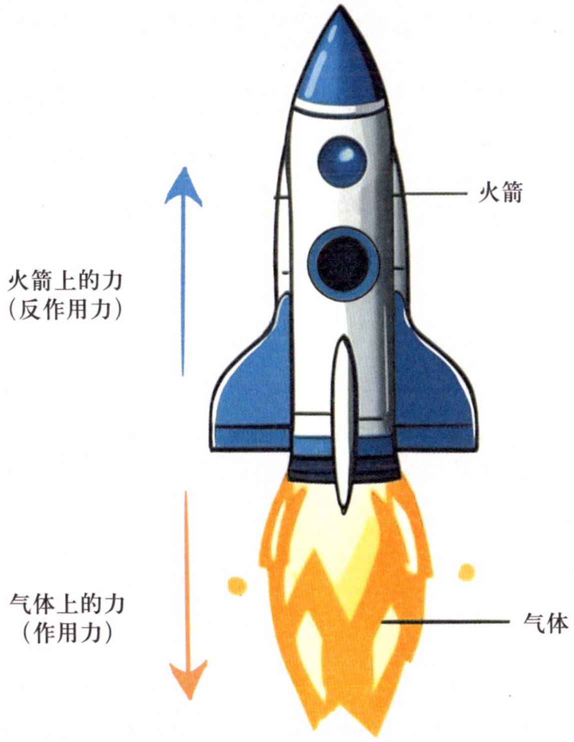

例如，长征五号通常分为两级：第一级负责突破大气层，耗尽燃料后脱离；第二级则接力，将卫星送入预定轨道。这种“分级减负”的策略，不仅提高了飞行效率，还实现了燃料的优化使用。同时，火箭的外形经过精心设计，流线型结构大大减少了空气阻力，让它在高速飞行中如鱼得水，更加顺畅。

4. 精准的“大脑”：惯性导航保驾护航

飞得高固然重要，但飞得准同样关键。长征火箭配备了先进的惯性导航系统（INS），通过加速度计和陀螺仪实时、精确地感知火箭的位置、速度和姿态。

以长征五号为例，它的控制系统就像一个“超级大脑”，能在飞行过程中不断调整方向和角度。无论是强风干扰还是出现轨迹偏差，惯性导航都能迅速作出反应，确保火箭稳稳地飞向目标轨道。这种高度精密的技术，是长征火箭高飞的“定海神针”。

5. 创新的灵魂：中国航天的自立自强精神

最后，长征火箭的成功离不开中国航天几十年的技术积累和创新。从长征一号的初次腾飞，到长征五号的横空出世，中国科研人员攻克了一个又一个难关：大推力发动机的研发、低温推进剂的管理、多级火箭的协调控制……每一项技术突破都让长征火箭飞得更高、更远、更稳。

第七章

力的合成与分解

每一个物体，无论是静止于深邃的宇宙，还是存在于我们脚下的坚实大地，都遵循着力学的法则——矢量的合成与分解。这一法则的精妙之处，在于它能将简单的力量线条，编织成复杂而又和谐的物理现象。

合成力，是多个力矢量相互作用的结果。如同多位音乐大师合奏一首交响乐，每个力都如同乐器中的一个音符，单独聆听时，它们是简单直接的，但合起来却能呈现出无比复杂和丰富的旋律。分解力，如同将一束白光分解为色彩斑斓的光谱，它让我们能够洞察合力的真实面目，理解其在不同方向上的作用。

在本章中，我们将揭示力的合成与分解这一科学原理如何在魔术师的舞台上焕发新生，并在观众眼前化为一幕幕令人叹为观止的幻象。

神奇科学魔术

我是葫芦娃之大娃

魔术表演

1 魔术师说："大家玩过拔河游戏吧？你们觉得自己一个人能拉动两个大人吗？别怀疑，你真的能！不信就来试试吧，看看谁才是真正的'大力士'！"让爸爸妈妈分别抓住绳子的两端，都用力往自己这边拉，就像在拔河一样。

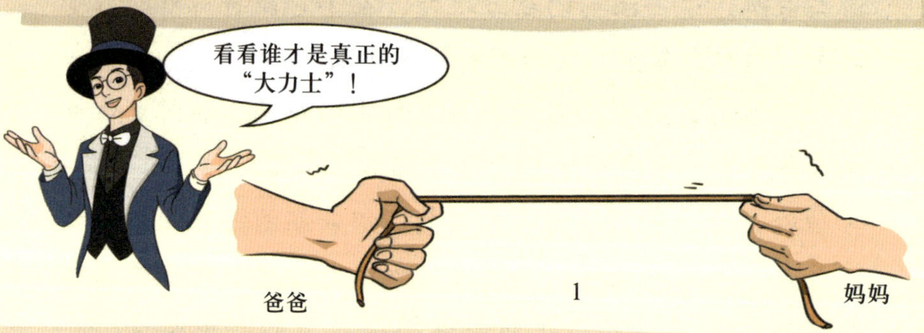

2 现在轮到你了。你只需抓住绳子的中间，轻轻往自己这边一拉，你会惊讶地发现，爸爸妈妈居然都被你拉动了！是不是觉得自己超级厉害？

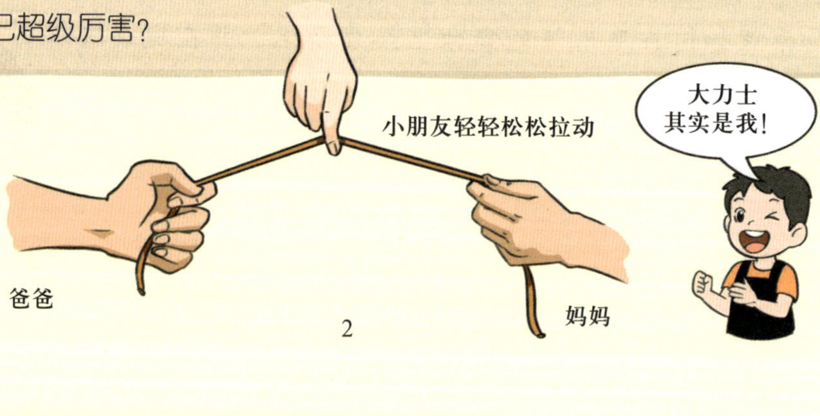

科学原理

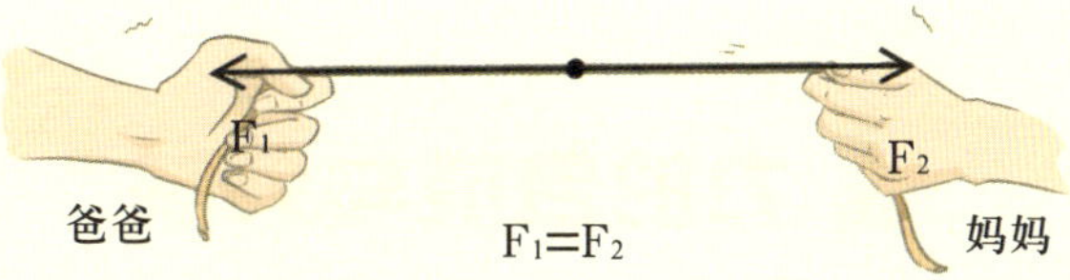

1

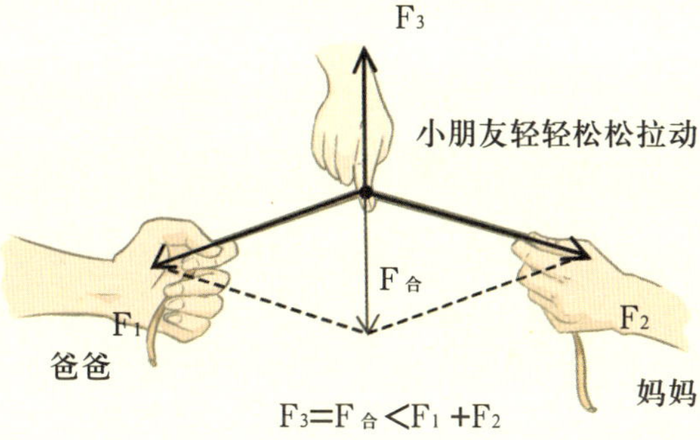

2

1. 力的分解：在孩子拉绳时，他所施加的力可以沿绳子的方向分解为两个分力。因为爸爸和妈妈分别在绳子的两端对抗着彼此的力，这部分的力在水平方向上互相抵消，维持了绳子的平衡状态。

2. 分力的作用：孩子施加的力的分量中，尤其是垂直于绳子方向的分力，并没有与爸爸和妈妈施加的力直接对抗，所以这个拉力并没有抵消。即使孩子的拉力相对较小，也足以改变整个绳子的受力状态，导致爸爸和妈妈都被拉动。

3. 观众的视觉效果：在观众看来，孩子只是轻轻地拉了拉绳子，却能够使两个成年人移动，这种意想不到的效果极大地增强了魔术的神秘感和趣味性。

因此，通过这种力的分解和垂直分力的应用，小朋友能够在看似不可能的情况下拉动他的爸爸和妈妈，这就是魔术效果背后的物理学原理。

探秘科学知识

力的合成与分解

1. 力的合成

当多个力同时作用在一个物体上时，我们通常会关注这些力的综合效果。这时，我们需要用到力的合成原理。力的合成就是将多个作用在物体上的力合并成一个等效的力，这个等效的力叫作合力。例如，当两个人同时提起一个水桶时，他们施加的力相当于合成为一个垂直向上的合力。

拎水桶时的合力

2. 力的分解

为了方便分析物体的运动或受力情况，我们需要把一个力分解成几个分力，这样可以分别分析这些分力对物体的具体影响。力的分解就是将一个力拆分成沿不同方向作用的小力，通常选择垂直和水平方向作为分解的基准。例如，如果一个倾斜的力作用在物体上，我们可以将这个斜力分解为一个水平分力和一个垂直分力，这样更容易理解和计算物体的受力。

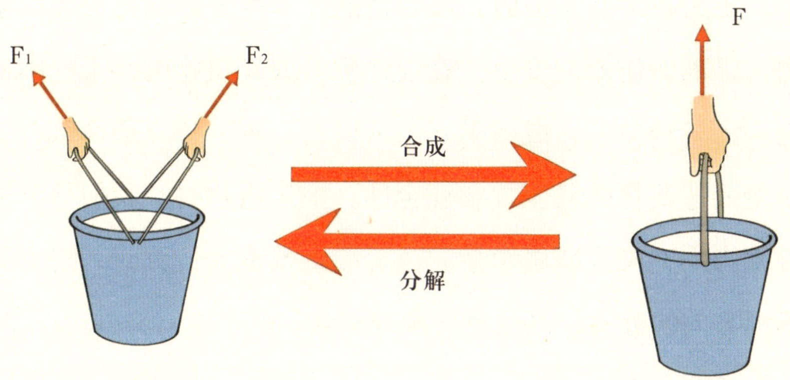

知识拓展应用

力的合成与分解应用

1. 建筑工程

力的合成与分解在建筑和工程领域扮演着非常重要的角色。例如，工人在吊装重物时，需要精确计算吊车的起重力和吊索的张力，以确保作业的安全。在设计桥梁或建筑物时，工程师需要综合考虑各种力的合成效果，包括风力、重力和交通荷载，以确保桥梁或建筑物的稳定性和安全性。搬运重物时，我们可以通过调整推力的方向来减轻负担，或者在调整家具位置时，将力分解为不同方向的分力，以便更轻松地移动。

2. 体育运动

运动员在运动时也会用到力的合成与分解。例如，篮球运动员在投篮时，投篮的力可以分解成水平力和垂直力，帮助他们更准确地控制篮球的运动轨迹。跑步时，运动员通过分解地面的反作用力能够更好地原地起步和加速。

3. 航空航天

在航空航天领域，飞行器的设计和飞行控制都涉及力的合成与分解。例如，飞机在飞行过程中，设计师需要综合考虑空气动力学力的合成（如升力和阻力）及引擎的推力，以设计出安全、高效的飞机升降装置。

超风前沿科技

港珠澳大桥为何稳如磐石

作为世界上最长的跨海大桥，港珠澳大桥不仅是物理学精妙运用的典范，更是中国科技实力的象征。它能抵御狂风、巨浪与地震的侵袭，背后全靠“力”的科学原理。

港珠澳大桥全长 55 千米，主桥全长约 29.6 千米。横跨伶仃洋，连接香港、珠海和澳门，处于台风频发、海浪汹涌的复杂环境中。要让这样一座超长桥梁保持稳定，工程师们巧妙运用了力的分解原理。当台风袭来时，桥梁设计能将这股力分解为垂直方向和水平方向的分力，并通过结构调整来化解这些力量。桥面可能仅轻微晃动几厘米，便将风力卸去，避免整体结构受损。

除了理论支撑，港珠澳大桥还融入了多项前沿技术，确保其在极端条件下依然稳健。桥上安装了数百个高精度传感器，这些传感器如同大桥的“感知器官”，实时监测风力、浪力与震动情况。一旦遭遇强风或地震，这些传感器能立即测出力的大小与方向，并将数据传输至控制系统。系统根据力的分解结果，动态调整桥梁的受力状态。以 2022 年超强台风“天鸽”为例，当时风速高达每小时 200 千米，普通桥梁可能早已剧烈摇晃，而港珠澳大桥凭借传感器与智能系统，迅速分配受力，将桥面晃动幅度控制在 10 厘米以内，车辆通行依然安全。这种智能化的“抗力”

能力，令人叹服。更值得一提的是，大桥的监测系统还能预测部件的疲劳状态。例如，当某个关键螺栓受力过大时，系统会提前发出警报，工程师便可及时进行维护。这种技术进一步提升了抗震性能和整体安全性。

2009 年该项目启动时，国外一些专家曾质疑："55 千米跨海大桥，风浪一冲击就垮，中国能行吗？"面对这样的质疑声，中国工程师没有退缩。他们用力的合成与分解进行精确计算，确保每根桩基、每节沉管的受力都精确到毫米。2018 年 10 月 23 日，大桥正式通车。那一天，香港、珠海、澳门三地居民驾车驶过桥梁，有人激动到落泪。从香港到珠海的路程从 3 小时缩短至 40 分钟，货运物流效率大幅提升，香港、珠海、澳门三地形成了"一小时生活圈"，对粤港澳大湾区的发展有深远意义。那一刻，所有的质疑都变成了惊叹，所有的挑战都化作了荣耀。

力的学问不仅存在于书本中，更体现在我们身边的伟大工程中。港珠澳大桥是中国智慧的结晶，也是民族自信的象征。让我们为这座大桥，也为中国基建的辉煌，感到由衷的自豪吧！

第八章

巧妙的杠杆原理

在这一章中，我们将深入了解一个在物理学中极为基础却又至关重要的概念——杠杆原理。杠杆，作为一种简单的机械装置，自古以来就被人类用来放大力量，改变力的作用方向，或者提升运动的速度。杠杆原理的历史可追溯至公元前3世纪的古希腊，当时的哲学家阿基米德曾经说，给他一个支点，他就能撬起地球。这句话虽然带有夸张的色彩，却深刻地揭示了杠杆原理的强大力量。

在魔术的世界里，杠杆原理被巧妙地运用，以创造出令人惊叹的幻象。通过对力臂长度的精确控制和对力的巧妙施加，魔术师能够演绎出看似不可能的奇观。例如，轻轻松松地举起沉重的物体，或是使物体在看似不可能的情况下实现平衡。

在本章中，我们将一同揭开杠杆原理在魔术中的神秘面纱。我们从对杠杆原理的理解着手，领略其背后的科学与艺术的完美融合。

神奇科学魔术

棒球棍比力气

魔术表演

1 魔术师笑着说："我们来比比谁的力气大，看谁能转动棒球棍。"随后，魔术师邀请了一个大人和一个小孩进行比赛，观众们充满期待地看着这场有趣的较量。

1

2 结果出乎意料！小孩竟然轻松地转动了棒球棍，而大人竟然无法转动。大人一脸惊讶，手一滑被迫松开了棒球棍。

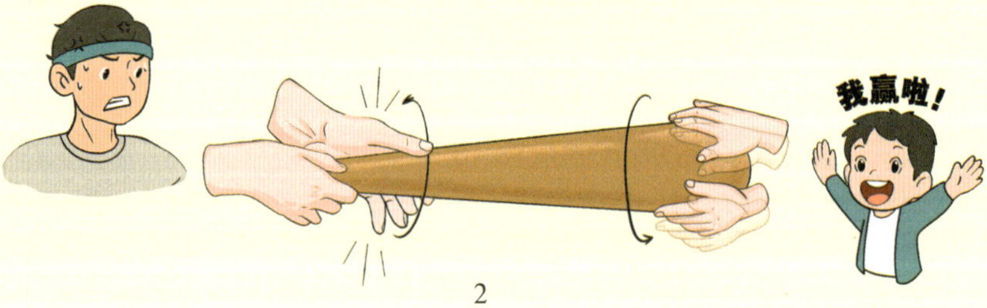

2

科学原理

这实际上是一个典型的物理力学问题，涉及力矩的概念。力矩是力与力的作用点到旋转轴的距离（力臂）的乘积，用于描述力对物体产生转动效应的大小。力矩的大小不仅取决于力的大小，还取决于力臂的长度。

在这个魔术中，大人和小孩比谁能转动棒球棍，而棒球棍一头粗、一头细。这里的关键在于，棒球棍的不同直径构成了不同的力臂。小孩之所以能够轻松转动棒球棍，是因为他握住了力臂较长的一端，从而产生了更大的力矩。

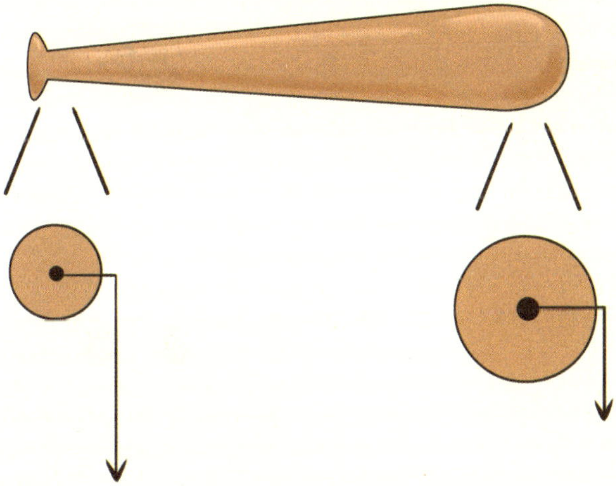

“意念”弯曲铁片

1

魔术表演

1 魔术师拿出一块铁片递给观众检查，观众仔细摸了摸，确认铁片质地非常坚硬，没有什么异常。

2 接着，魔术师递给观众一支笔，请观众在铁片上签下自己的名字，确保魔术师无法偷换这块铁片。

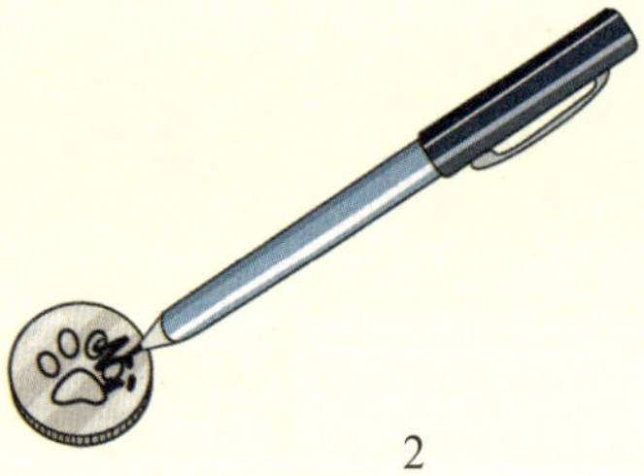

2

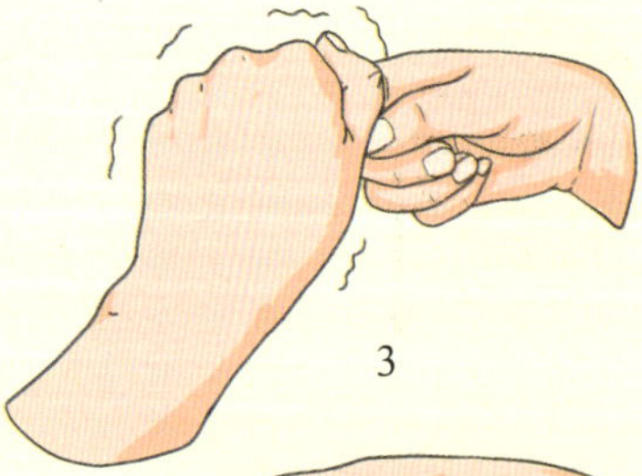

3

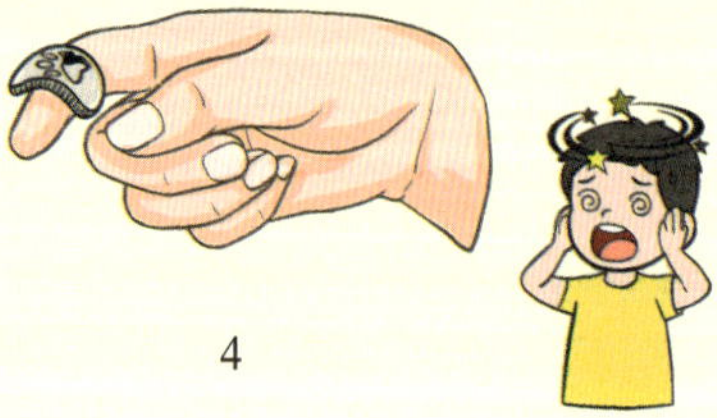

4

3－**4** 魔术师拿回铁片，笑着对观众眨眨眼。随后，只见他轻轻一捏，铁片竟然弯曲了！观众们目瞪口呆，不敢相信自己的眼睛。

科学原理

这个魔术看似神奇，实际上使用了巧妙的道具和物理学原理。魔术师拿出的笔并不是普通的笔，而是一种特制的道具，它内置了一个杠杆装置。通过杠杆原理，魔术师能够用较小的力完成普通人无法完成的动作——轻松弯曲铁片。

杠杆的工作原理是，通过增加动力臂的长度并缩短阻力臂，可以将施加的力放大。这支特制笔在内部设计了一个夹持装置，用来固定铁片，并以笔的一部分作为杠杆的支点。当魔术师拿回铁片时，他会在不引人注意的情况下将铁片放入笔的夹持装置中。随后，魔术师只需要用手轻轻施力，就能通过杠杆系统将小力放大，从而弯曲铁片。

1

2

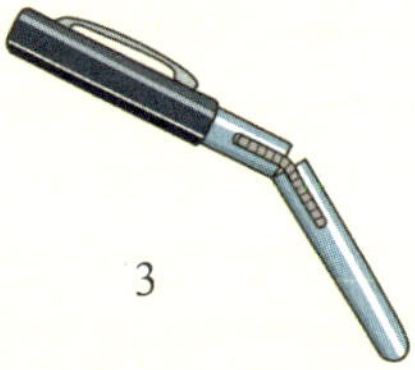

3

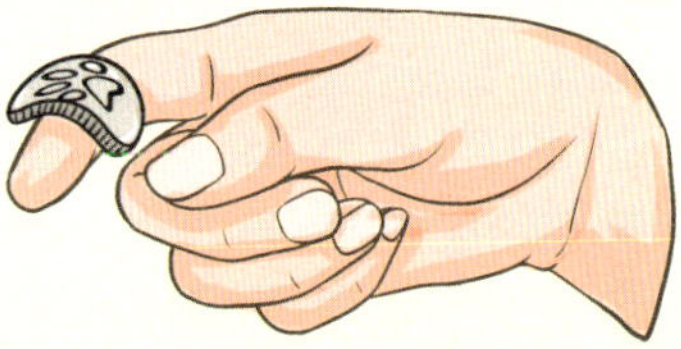

4

在表演过程中，魔术师通过让观众签名和检查铁片来增加信任感，让观众相信铁片没有被替换。同时，他用熟练的表演技巧将观众的注意力吸引到他的手上，而忽略了特制笔的实际操作，此时，弯曲铁片的过程其实已经完成，但魔术师会在这一刻假装用手捏铁片，从而营造出令人惊叹的魔术效果。

科学笔记

探秘科学知识

什么是杠杆

杠杆是一种简单而巧妙的机械装置，通过利用一个固定的支点帮助人们轻松地移动或抬起物体。它的原理是，通过调整施力点和受力点的距离，放大或减少所需要的力量。杠杆原理揭示了如何通过一个支点，利用杠杆两端的力臂长度的差异，放大或减小作用力。杠杆可以帮助我们用较小的力移动或撬动较重的物体，或在较小范围内施加较大的力。杠杆原理遵循力矩平衡的原则，即在支点两侧，作用力和力臂的乘积是相等的。

杠杆有三大要素：

①支点：这是杠杆的固定点，杠杆绕着这个点转动。

②动力臂：从支点到施力点的距离。动力臂越长，施力时就越省力。

③阻力臂：从支点到需要移动的物体的距离。阻力臂越短，越容易撬动重物。

杠杆原理的基本公式：动力 × 动力臂 = 阻力 × 阻力臂。即意味着你施加的力和力臂长度的乘积，等于阻力和阻力臂的乘积。杠杆原理就像一个神奇的工具，让我们用较小的力撬动或举起更重的物体。掌握杠杆原理，我们能更高效地使用力去解决实际问题！

知识拓展应用

杠杆的类型

根据支点、动力和阻力的位置关系，可以将杠杆分为三种类型，每种类型杠杆的设计原理和作用效果不同。

第一类杠杆的支点位于动力和阻力之间，支点的位置决定了杠杆是省力、费力还是不省力不费力。动力臂和阻力臂的长度关

1. 省力杠杆
动力臂 > 阻力臂

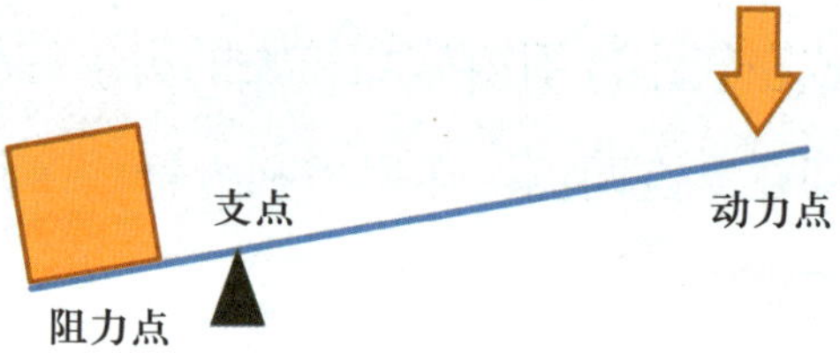

2. 费力杠杆
动力臂 < 阻力臂

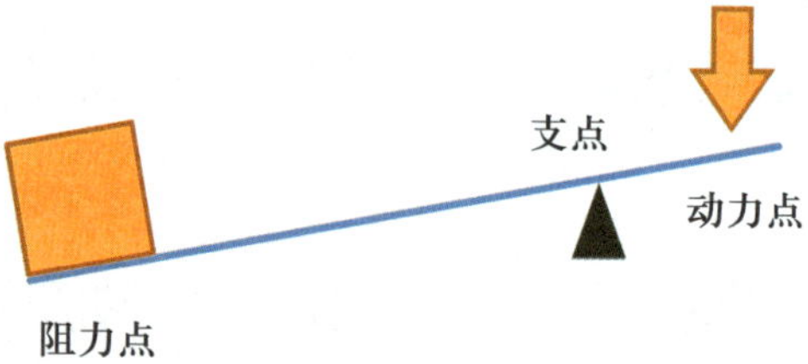

3. 不省力也不费力杠杆
动力臂 = 阻力臂

系决定了作用力的大小。如果动力臂比阻力臂长，那么你可以用较小的力克服较大的阻力，从而达到省力的效果；如果动力臂比阻力臂短，则需要施加更大的力来移动物体，但物体的移动距离也会增加；如果动力臂和阻力臂相等，则不会省力或费力。这种杠杆的例子包括剪刀、钳子和跷跷板。

第二类杠杆的阻力位于支点和动力之间，这类杠杆的特点是动力臂比阻力臂长，因此总是省力的。这类杠杆的设计使我们能够用较小的力撬动或推动较重的物体。常见的例子有开瓶器、核桃夹和独轮车。以独轮车为例，独轮车的轮子是支点，货物放置在车轮上作为阻力，而人抬起车的力量通过较长的动力臂，使得人能够较轻松地移动重物。

第三类杠杆的动力位于支点和阻力之间。这类杠杆虽然需要施加较大的力，但它可以使物体移动得更远或更快。由于动力臂较短，在克服阻力时，需要更大的力量，但物体的移动速度或距离被加大。这类杠杆的例子包括镊子、钓鱼竿和人的手臂。以钓鱼竿为例，支点在抵住钓鱼竿的膝部，施加的力在手部，钓鱼线处的阻力在钓鱼竿的末端。通过施加较大的力，钓鱼竿能够迅速将鱼拉出水面。类似地，镊子的支点在中间，两端的夹持部分用力夹住物体，尽管需要较大的力，但夹持物体的精确性和速度得到了提升。

生活中的杠杆原理

1. 跷跷板

跷跷板就是杠杆原理的典型例子。当你和朋友在公园里玩跷跷板时，你们的体重和相对于支点的位置就是杠杆的力和力臂。只要你们在支点的两边，调整位置，就可以让跷跷板平衡，或者让一边升起，另一边下降。

2. 开瓶器

开瓶器也是杠杆原理应用的例子。开瓶器的长柄就是杠杆的一部分，当你用手推动开瓶器的长柄时，瓶盖就会被轻松撬开。这个原理让你用较小的力量就能打开瓶盖。

3. 撬棍

在工具箱里，撬棍是用来撬起重物的得力工具。撬棍有一个长杆和一个小的支点。你用力推撬棍的长杆，支点的作用就能帮你轻松撬起重物。这个过程就像魔法一样，能让你更轻松地搬动重物！

4. 剪刀

剪刀的两个刀片也是杠杆原理的应用。你握住剪刀的手柄，剪刀的刀片就会根据杠杆原理轻松剪开纸张。这个小工具让你用很少的力就能剪断东西，真是太方便了！

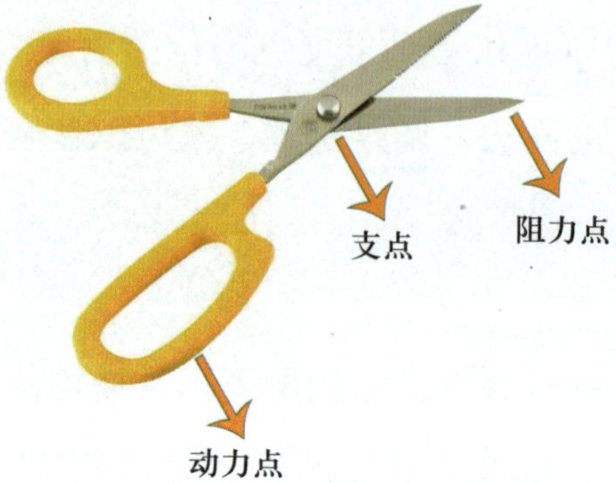

剪刀的杠杆原理图

5. 天平

天平作为一种称重工具，也是杠杆原理的应用之一。天平有一个水平的横杆，中间有个支点，左右两边放上不同的物品。通过杠杆原理，天平能够指示物品的重量，让你知道哪边重、哪边轻。

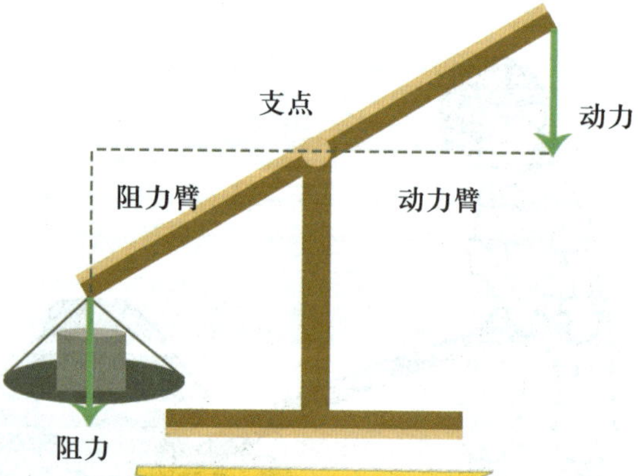

天平的杠杆原理图

阿基米德和杠杆原理

古希腊哲学家阿基米德享有“力学之父”的美称。阿基米德从日常生活中提水桶用的杆和撬石头用的撬棍中得到启发，发现可以借助杠杆来达到省力的目的。他发现，手握的地方到支点的这一段距离越长，就越省力。为此，他曾给当时的国王写信道：“我不费吹灰之力，就可以随便移动任何重量的东西；只要给我一个支点，给我一根足够长的杠杆，我连地球都可以撬动。”

阿基米德利用这一原理，帮助古希腊解决了许多现实生活中遇到的难题。其中，国王的巨船下水事件便是其中一例。当时，国王造的船体积太大，根本无法下水。阿基米德便用杠杆原理制造出滑轮工具，使很小的力便能拉动很重的东西。在下水仪式上，阿基米德把滑轮绳子交给了国王，当国王轻轻拉动绳子，巨船竟慢慢移动起来，最终成功地下水。这一壮举不仅展示了阿基米德的智慧，也证明了杠杆原理的巨大力量。

超凡前沿科技

小力气的“大魔法”

提到“杠杆原理”，你是不是会想到跷跷板，或者用撬棍轻松撬起重物？杠杆原理其实是物理学里一个超级厉害的“魔法”，它能用很小的力干大事！今天，我们就来聊聊这个古老的原理在现代科技中是怎么“变身”成前沿技术的，特别是那些听起来像科幻片一样的应用，如微型机器人、可穿戴设备等。准备好了吗？让我们一起走进杠杆原理的奇妙世界！

先复习一下杠杆原理是什么，简单来说，就是一根硬棒（杠杆）绕着一个点（支点）转动，能把力放大或缩小。它的公式是：动力 × 动力臂 = 阻力 × 阻力臂。动力臂是支点到施力点的距离，阻力臂是支点到重物（或阻力）的距离。如果动力臂长，阻力臂短，你用小力气就能撬动大重物。这就像玩跷跷板，坐远点的人轻松就能把另一头的人翘起来！

这个原理听起来简单，但科学家们把它用到了超级复杂的地方，如让机器人像虫子一样爬行、辅助医生做微型手术，甚至让手表里的小装置自己发电！下面，我们就来看看杠杆原理在三个前沿科技领域的“精彩表演”。

1. 微型机器人：杠杆让“小虫子”爬得欢

你有没有想过，机器人可以像蚂蚁一样小，还能爬来爬去？

科学家们利用杠杆原理，真的造出了这样的微型机器人！这些机器人小到只有几毫米，却能执行重要任务，如在地震废墟里搜救、在工厂里检查管道，甚至进入人体内部送药。

这些机器人怎么运动呢？它们使用了一种名为形状记忆合金（SMA）的智能材料。这种材料很神奇，例如一根镍钛合金线，平时软软的，但一加热（比如通电），它就会“记住”原来的形状，快速收缩，就像肌肉发力一样。不过，它收缩的距离很小，只有 0.1 毫米左右，机器人靠这个可走不了多远。

这时候，杠杆原理就派上用场了！科学家设计了一个微型杠杆，就像一块小小的跷跷板。合金线连在杠杆的一端（动力臂），当它收缩时，拉动杠杆绕支点转动。因为动力臂比另一端的阻力臂长，杠杆的另一头（输出端）就能放大运动，变成 2 毫米甚至更大的摆动。这就像你轻轻一推跷跷板，另一头却翘得很高！有了这个放大效果，机器人就能迈开“大步”，像小虫子一样灵活爬行。未来，这种机器人可能会参与火星探测，或者帮医生在血管里“巡逻”，是不是很酷？

2. 可穿戴设备：杠杆让手套“摸”到虚拟世界

你玩过虚拟现实（VR）游戏吗？戴上 VR 眼镜，仿佛进入了另一个世界！但光看还不够，要是手套能让你“摸”到虚拟物体，比如捏一个虚拟苹果，感觉像真的一样，那才过瘾！杠杆原理正在帮科学家实现这个梦想。

这种高科技手套用了一种名为电活性聚合物（EAP）的材料。EAP 像一块软软的塑料，但通电后会快速变形，如变薄或弯曲。不过，它的变形幅度也很小，只有 0.05 毫米，手可能感觉不到。

科学家又请来了杠杆原理！他们把手套里的 EAP 连到一个微型杠杆上，就像一个小小的跷跷板。EAP 变形时拉动杠杆的一端，因为杠杆设计得巧妙，另一端的运动被放大到 0.5 毫米，足够让你的手指感觉到振动或压力。这就像你轻轻拨一下吉他弦，杠杆把这点小动作变成大大的音量！这些振动可以模拟出摸到苹果的硬度、羽毛的柔软，甚至水的流动感。

2024 年，有科学家开发了一款这样的 VR 手套，戴上它，你可以“摸”到虚拟世界里的各种东西，还能用来训练医生做手术，感受手术刀的力度。杠杆的巧妙之处在于，它让手套又轻便又省电，还能做出很精确的反馈。以后，你可能用这种手套跟远方的朋友“握手”，或者在游戏里真的“抓”到一把宝剑！

3. 医疗神器：杠杆帮医生做“微型手术”

如果医生要做一个非常小的手术，比如清理血管里的堵塞物，或者取出一块只有 0.1 毫米大的组织。这种手术用手可不行了。科学家们发明了微型医疗工具，靠杠杆原理让医生变成“超级精准”的高手。

这些工具也用到了形状记忆合金。医生控制一根细细的合金线，通电加热后，合金收缩，带动一个微型杠杆。杠杆把这点小小的收缩放大成更大的动作，比如让一个微型抓手张开 1 毫米，抓住目标组织。因为杠杆能精确传递力，抓手不仅稳，还能控制力度，不会伤到旁边的血管。

2024 年，新加坡的科学家造了一个这样的微型抓手，只有 2 毫米大，却能抓起比头发丝还细的东西。它被装在内窥镜（一种细长的医疗摄像头）上，帮医生在病人体内做手术，几乎不留伤口。这种技术特别适合脑部或心脏手术，病人恢复更快，风险也更小。

科学笔记

魔幻科学实验

水桶比赛

实验步骤

① 让家里的大人握住水桶小头的一端，小朋友握住水桶大头的一端。

1

② 两个人分别朝着相反的方向用力扭转水桶。

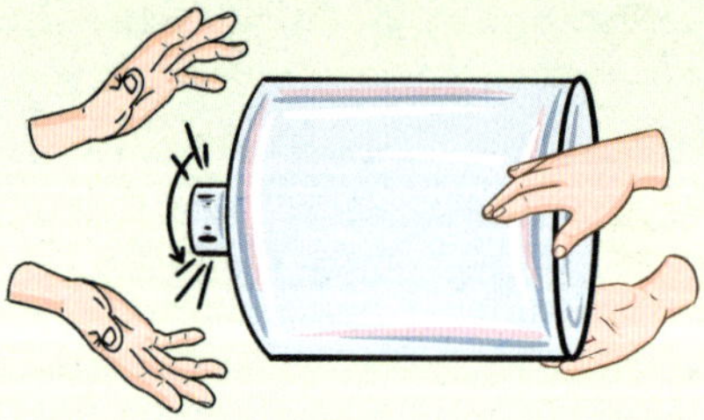

2

③ 在这个过程中，小朋友的手没有滑开，而大人的手却滑开了。

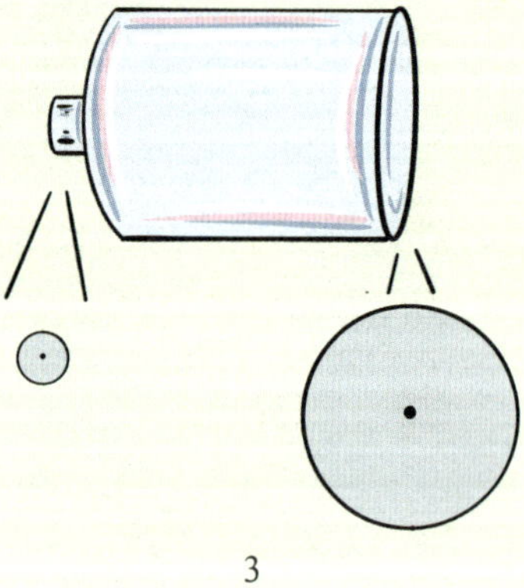

3

科学原理

这个实验的原理和前文中棒球棍的原理一致，小朋友握住的大头具有更大的半径，使他能够通过较小的力提供更大的力矩，不易转动。大人握住的小头具有较小的半径，力矩较小，即使用较大的握力也难以稳定住水桶，容易转动。

科学笔记

后记

力学的魔幻之旅永不止步

亲爱的探索者们，当你翻到这一页时，意味着你已经完成了一段奇妙的旅程。从重力的隐秘平衡到弹力的惊人反弹，从惯性的悄然坚持到摩擦力的无声守护，再到向心力、作用力与反作用力、力的合成与分解，以及杠杆的巧妙运用，你已经逐步揭开了力学世界的神秘面纱。这些看似简单的原理，不仅是魔术师手中的魔法棒，更是构建我们世界的基石。

回望历史，阿基米德用杠杆原理撬动了国王的巨船，伽利略通过斜塔实验推翻了千年的错误观念，牛顿因一颗苹果落地而发现了万有引力。这些科学巨匠的传奇故事告诉我们，力学不仅是过去的奇迹，也是今天的工具，更是通往未来的钥匙。你手中的这本书，只是力学海洋中的一滴水。那些旋转的陀螺、弹跳的小球、悬浮的管子，都在邀请你去发现更多——用自己的眼睛、头脑和双手，去探索隐藏在生活中的科学奥秘。

今天，力学仍在改变世界。工程师利用杠杆原理设计出灵活的机械臂，航天科学家靠作用力将火箭送入太空，设计师借助摩擦力打造更安全的汽车。这些现代奇迹的背后，都是你已经熟悉的力学原理。或许有一天，你会利用重心设计一座稳固的建筑，利用向心力建造一艘飞向火星的飞船，或者借助弹力发明一个让生活更便利的小工具。力学的魔幻之旅没有终点，它等待着你去续写新的篇章。

你不妨试着自己设计一个小魔术，或做一个简单的力学实验，你会发现，科学不仅有趣，还能让你成为改变世界的那个人。愿你的好奇心永无止境，愿你在力学的舞台上，演绎属于自己的精彩传奇！

你的朋友　杨智明

2025 年 7 月于清华大学